U0591139

克伦威尔传

刘丽娟◎著

时代文艺出版社

图书在版编目（CIP）数据

克伦威尔传 / 刘丽娟著 . —长春：时代文艺出版社，2016.4（2023.7重印）

ISBN 978-7-5387-5124-6

Ⅰ . ①克… Ⅱ . ①刘… Ⅲ . ①克伦威尔，O.（1599~1658）－传记 Ⅳ . ①K835.617=41

中国版本图书馆CIP数据核字（2016）第001771号

出 品 人　陈　琛
责任编辑　余嘉莹
装帧设计　孙　利
排版制作　隋淑凤

本书著作权、版式和装帧设计受国际版权公约和中华人民共和国著作权法保护
本书所有文字、图片和示意图等专有使用权为时代文艺出版社所有
未事先获得时代文艺出版社许可
本书的任何部分不得以图表、电子、影印、缩拍、录音和其他任何手段
进行复制和转载，违者必究

克伦威尔传

刘丽娟 著

出版发行 / 时代文艺出版社
地址 / 长春市福祉大路5788号　龙腾国际大厦A座15层　邮编 / 130118
总编办 / 0431-81629751　发行部 / 0431-81629755
官方微博 / weibo.com / tlapress　天猫旗舰店 / sdwycbsgf.tmall.com
印刷 / 北京市一鑫印务有限公司
开本 / 710mm×1000mm　1 / 16　字数 / 115千字　印张 / 12
版次 / 2016年4月第1版　印次 / 2023年7月第3次印刷　定价 / 36.00元

图书如有印装错误　请寄回印厂调换

目录
Contents

他，是叱咤风云的军事将领，是英国革命的领袖。

他，处决国王，废除英国君主，被授予护国公。

他，进行独裁统治，领导国会军在英国内战中大获全胜。

他就是奥利弗·克伦威尔，英国著名的政治家、军事家。

年轻时，这位杰出的战士曾经作为一个农场主，在混乱的年代里，过着相对平静安逸的日子。可命运之轮回，偏偏将他推向了战场，走向了另一个人生舞台。

1599年，克伦威尔出生在英国亨廷顿，曾就读于剑桥大学。在他的青年时期，英国各教派之间纠纷不断，社会动荡不安，在任的国王奉行君主专制制度。不过克伦威尔在乱世中过得相对平静安逸，他成了一个农场主。1628年，克伦威尔被选进议会，但翌年国王查理一世就决定解散议会，实行专制。直到十二年后，在对苏格兰人作战需要资金的情况下召集了新议会，克伦威尔再度被选为议员。当年，在忠于国王和忠于议会的军队之间爆发了一场战争，也正是在战争爆发之际，克伦威尔找到了自我，证明了他天生是一名战士。

克伦威尔进入政界后，多次被选为英国国会议员，他反对查理一世的专制统治。国王和国会决裂后英国发生了内战，他指挥的骑兵部队纪律严明。克伦威尔后来与托马斯·费尔法克斯一起成为议会军领袖，多次战胜保皇党军队，驱散长老派议员，战绩卓著。在历时四年的战争中，他杰出的军事才能使之获得了极高的声望。在使战争出现转机的关键性的马斯顿战役中，克伦威尔更是发挥了举足轻重的作用。1646年战争结束，查理一世成了阶下囚，由此，克伦威尔被公认为议会军方面最成功的将军。

1648年，克伦威尔多次残酷镇压平等派运动和保皇党叛乱。走向胜利的道路是坎坷的，没过一年，国王潜逃，并重新纠集军队企图东山再起，这样，第二次内战爆发了。这场战争并没有扭转局面，克伦威尔再次击败了国王的军队，并果断地把国王推上了断头台。革命一波三折，保皇党分子不久就控制了苏格兰和爱尔兰，支持已被处死国王的儿子——未来的查理二世。在混乱与纷争中克伦威尔又一次取得了胜利，他的军队成功地占领了爱尔兰和苏格兰。至此，混乱的内战在1652年以保皇党军队被彻底击败而告终。

从1653年到1658年，克伦威尔使用护国主的头衔统治着英格兰、苏格兰和爱尔兰。在这五年中，他在不列颠建成了大体完善的政体和井然有序的行政机构，改善了粗暴的法律，扶持了文化教育。他提倡宗教信仰自由，允许犹太人再来英格兰定居，在那里信仰他们自己的宗教……总之，虽然是专制，但他的专制算得上开明。

克伦威尔因患疟疾在伦敦去世后，他的长子理查德·克伦威尔继承了父位，但是他统治国家的时间极为短暂。1660年查理二世恢复王位。

自从奥利弗·克伦威尔去世以后，他的品格逐渐成为人们争论的焦点。许多评论家指责他是伪君子，并指出，他虽然总是在口头上赞成议会有至高无上的权力，并极力反对独断专行的统治，而在事实上却亲手建立了一种军事独裁统治。这样言而无实的家伙是个十足的独裁骗子。

那么，我们应该怎样评价克伦威尔对英国历史的影响呢？

本书叙述了一个在英国资产阶级革命中起过重大作用的人物的生平，并从不同的方位和视角去审视历史上这样一位英雄，为您客观地看待历史提供了一个有力的依据。

第一章　昔日辉煌

1. 奥利弗的啼声

　　繁华总要落幕，昔日的光彩再盛，也只能给后来者作陪衬，正如16世纪末的英国，它往昔的形象还在人们的脑海里被无数次回味，仿佛就发生在昨天，但那也只能是昨天。因为，此时的英国封建王朝，气数已尽，俨然成了一张暗灰色的时代幕布。

　　1599年4月25日，在英格兰的亨廷顿，罗伯特·克伦威尔的二儿子出世了，他清亮的啼哭声传遍整个房屋。小镇上的人们都知道罗伯特家里添了个男婴，他们却无从想象，四十年后，这个婴儿竟然成为英格兰划时代的英雄。

　　他，一个再平凡不过的男婴，来到这个世界上的时候，并无异象。

　　他的名字叫奥利弗·克伦威尔。克伦威尔这一姓氏算得上一个贵族称谓。亨廷顿位于剑桥的西北，是一个安静而祥和的乡下小镇，乡绅罗伯特·克伦威尔的宅第就坐落在镇旁。罗伯特的祖父原名理查·威廉斯，后来一位叫托马斯·克伦威尔的亲戚发迹，于是他便袭用了后者的姓氏，改姓克伦威尔。

　　托马斯原本是一个普通的呢绒商，后来成为亨利八世的宠臣，又在宗教改革和教会财产世俗化中发了大财。1504年，托马斯被处死，给其后人和亲戚留下一部分财产。罗伯特·克伦威尔是这个家族中的最小支系，只有乡绅称号。

当时的英国战乱不断，政治舞台上的权谋纷争也从没有停歇。而小奥利弗还是个婴孩，他每天在欢笑中成长，并慢慢地感知这个世界。他是那样的渺小，甚至连这个时代的点缀都算不上。

16世纪90年代，伊丽莎白统治中的爱尔兰发生了第四次叛乱，女王的宠臣埃塞克斯获准率领一支英格兰大军前往爱尔兰镇压叛乱。两军对垒，埃塞克斯一败涂地，更荒唐的是，他竟不负责任地自己骑马逃回伦敦，撇下了一大批伤残的军人。

伊丽莎白女王大怒，埃塞克斯先是被女王训斥了一顿，后又被关在家里，不过，比起他的过失，这样的惩罚已经算得上是轻微了。可这个不安分的家伙，在几个星期之后，同南安普敦伯爵一同策划了一场阴谋，计划发动政变，进攻白厅，废除女王伊丽莎白。

"不幸"的是，埃塞克斯的阴谋未能得逞，他成了阶下囚，最终被推上了断头台。

面对埃塞克斯的背叛，女王伊丽莎白受到了沉重的打击。虽然粉碎了他的阴谋，但是她明显感到她的权力受到了威胁，她经常被一种不安的情绪所笼罩。曾经辉煌的伊丽莎白女王，在悲凉中迎来了她的晚年。

宫廷里不断地上演着一场场利欲权谋的故事，而小奥利弗在那个宁静的小镇上享受着幽静而平凡的家庭生活，并且在阳光下快速成长，似乎由着命运推送，奥利弗·克伦威尔逐渐和恢宏又富有挑战的英国政治舞台近距离接触。

不过此时，这一切还与克伦威尔没有关系。

1603年3月24日清晨，伊丽莎白离开了人世，神圣的光环终于从她头上消失了，由此宣告"伊丽莎白时代"的结束。这个七十岁的单身女王作为都铎王朝的最后一个统治者，选定了侄孙——英格兰国王詹姆斯为英国王位继承人。

斯图亚特王朝的统治即将开始，而此时的奥利弗·克伦威尔还不满四岁，他只会咿咿呀呀地傻笑。

1603年4月，春风得意的詹姆斯携妻带子从霍利鲁德豪斯宫出发，渡过特威特界河，踏上了梦寐以求的英格兰，轻松地成为英格兰的统治者，享受着人民热烈的欢迎。

4月的英国已是阳光明媚，在欢呼的人群簇拥下，詹姆斯·斯图亚特的王家车队一路南下，直奔伦敦。

詹姆斯的下一站是奥利弗·克伦威尔——小奥利弗·克伦威尔的同名伯父——的家乡赫琴布鲁克城堡。那里将举行迎接国王的盛大庆典，这将为一度黯然失色的克伦威尔家族带来莫大的荣光。

期待已久的日子终于到来。"国王驾到"，众宾客在老奥利弗的带领下迎出城堡，号乐声大作，人们纷纷跪下来向国王表示尊敬。

宴会开始了，在国王的带领下，宾客们开怀畅饮。大厅一角宾客席的一张桌子旁，坐着老奥利弗·克伦威尔的弟弟们。有刚从印度回来的亨利·克伦威尔，他在海外淘金发了大财，刚刚被选为议员。在亨利身边，则是亨廷顿的罗伯特·克伦威尔，带着他的儿子小奥利弗·克伦威尔。参加这场华丽的盛宴，小奥利弗·克伦威尔开心极了，他把这里当成了一个新奇的游乐场所。

在宴会中，不满四岁的克伦威尔遇到了詹姆斯的王子，年仅三岁的未来英王查理，两个人开始在一起玩得好好的，后来厮打起来，克伦威尔把查理抓得头破血流。这似乎有一种隐喻的意味，又或是某种说不清楚的命运联系。

盛宴持续了三天三夜，最后，国王册封老奥利弗·克伦威尔为骑士，并给他系上佩剑，克伦威尔家的荣光达到了顶点。

国王上路了，他将在伦敦举行加冕仪式。一场盛宴过后，宾客们四散回家，人们依旧过着同以前一样的生活。罗伯特又回到亨廷顿去做他的啤酒生意，照看田庄。他的小儿子奥利弗·克伦威尔依旧快乐地成长，这次宴会对他来说，没有太多的意义，只不过是一次新鲜而有意思的活动。

罗伯特家是清教徒，家庭照例每星期日带上小奥利弗去教堂，午饭后进行枯燥而冗长的祈祷。对小奥利弗来说，这一切让人那么难以理解，但他那幼小的心灵已经深深地受到了清教的熏陶。而他的命运，也和这种熏陶有着密切的关系。

詹姆斯国王已经到达伦敦，举国上下都在欢呼新国王的到来。1603年7月25日，在伦敦威斯敏斯特国会大厦的教堂内，新国王举行了加冕典礼。

2. 童年的启蒙

在奥利弗·克伦威尔美好的童年时期，英国正处于一个王朝更迭的时代。

詹姆斯一世的即位，使英格兰从都铎王朝转变为斯图亚特王朝。詹姆斯一世兴致勃勃地携妻带子，从苏格兰入主英格兰的时候已经36岁。他相貌丑陋：大大的脑袋和细长的身躯明显不协调，X形腿，走起路来就像要跌倒，伴有浓重的苏格兰口音，说起话来舌头不灵活……他接受过良好的教育，个人品质端正。据史料记载，詹姆斯一世的优点是个出色的学者，记忆力强，反应敏捷，热爱学术，按理应该是位很好的国王。但是由于英格兰与苏格兰在经济、文化、社会生活等方面都有很大差异，詹姆斯一世并没有受到如在苏格兰时一样的爱戴，反而常常与英格兰议会发生冲突……

这个不可一世的大不列颠国王，入主英格兰的时候依旧保持着来自苏格兰根深蒂固的传统思想：君权至上。这也充分体现了他对英格兰政治的无知。詹姆斯一世在伦敦同议会争夺权力，这为以后国王与议会之间的矛盾埋下了祸根。

此时，远在乡下小镇亨廷顿的罗伯特·克伦威尔一家依旧过着安逸美满的田园生活，罗伯特依旧做着他的流浪贵族、乡绅。王权的加强与否、议会的地位是否依旧，都没有影响到这温馨美满的一家。

由于小奥利弗·克伦威尔的兄弟们早夭，七岁的他被视为全家的希望，被送到亨廷顿唯一的小学去接受启蒙教育。

在学校里，小奥利弗受到的是清教教育，小奥利弗的启蒙老师托马斯·比尔德博士是该地区很著名的清教士，为人认真而严厉。他曾经写过一个迂腐的拉丁文剧本，此外，他还在《上帝审判的剧场》中论述，人类的罪恶，即使是在现世，也是要受到上帝的惩罚。

因此，托马斯·比尔德博士教给小奥利弗的是一些关于阴间及地狱如何可怕的教育。博士不仅不许小奥利弗唱歌跳舞，还要严守教规。这近乎扼杀人性的清规戒律，让生性聪明活泼的小奥利弗开始试图冲破这种约束，但是比尔德博士是个严厉的人，他相信对学生使用荆条才好，他也确实是那么做的，小奥利弗就免不了受到比尔德老师的苛责和体罚。有传记作者形容比尔德博士在纠正小克伦威尔行为的时候，"用的是勤奋的手和警惕的眼睛"。或许真的存在这样的历史，但可以肯定的是，这样严格的童年启蒙教育并没有妨碍他们师生后来成为很亲密的朋友。

在这种启蒙教育下，小奥利弗·克伦威尔逐渐成长为一个严守清教教规的教徒，信奉清教思想，为人严格，做事谨慎，这样的人生观为小奥利弗在以后的成长道路上指明了基本的方向，也为日后他的崛起奠定了雄厚的基础。

关于小奥利弗的童年，有一个充满神话色彩的传说。年仅七岁的小奥利弗·克伦威尔在黄昏中玩耍的时候，忽然看到一双火红火红的眼睛，那双眼睛直直地盯着小奥利弗观看，一刻也不曾离开。但是，面对这样奇怪诡异的情况，小奥利弗并没有感到害怕，并且在与之对视之后，清楚地听到不知道来自何方的声音："你将会成为一个伟人。"

传说是否真实，我们不得而知。但是作为后人的我们在今天再回望克伦威尔一生的时候，却不得不承认，那句充满传奇色彩的预言，真的很贴切地概括了克伦威尔的一生。

克伦威尔，他用英勇成就了一个铁将军的威名。

3. 愉快的大学

时光如流水般消逝，眨眼之间已经到了1616年，奥利弗·克伦威尔已经成长为一个十七岁的翩翩少年，满脸都洋溢着青春的气息。

此时的克伦威尔，就读于英国剑桥的西德尼·萨赛克斯学院，他在学院里度过了充实而快乐的大学生活，那是他一生中度过的最轻松无忧的时光。

罗伯特·克伦威尔将儿子托付给剑桥西德尼·萨赛克斯学院的院长——塞缪尔·沃尔德博士——又一个虔诚的清教徒。沃尔德也因此成了克伦威尔大学时期的老师。

塞缪尔·沃尔德博士是个有点儿神经质的神父，他要求他的学生们在学院要详尽细致地记录他们所听到的布道词。当学生们犯错误的时候，沃尔德博士就会在大厅对他们加以鞭打，学生们都很害怕他。

奥利弗·克伦威尔在剑桥西德尼·萨赛克斯学院就读期间，要学习很多门课程。这里面除了一些必修的神学课程之外，还有几何、算术、修辞、逻辑及拉丁语和希腊语等。据说在大学期间，克伦威尔的功课并不优异，学习也称不上刻苦，更没有凸显日后他在军事方面得天独厚的领导天分，甚至可以说，那个时候的克伦威尔，还只是个大孩子而已。

尽管克伦威尔在大学期间并未出人头地，但是他也没有虚度这美好的大学时光，毕竟他有特长和爱好。

克伦威尔对体育运动有极高的热情。他在亨廷顿乡下小镇的时候就特别喜欢骑马打猎。到了大学后，他又十分喜欢游泳、球类、射箭、击剑等运动，尤其擅长骑术。克伦威尔的骑术可以说堪称一绝，令他身边的人都大为敬佩。

尺有所短，寸有所长。奥利弗·克伦威尔虽然在体育方面比较出色，却缺乏学习语言的才能。

传记作家伯内特说："克伦威尔在学习中没有学好外语，只学会了一点儿拉丁文，他在说拉丁文的时候常常错误百出。"当他日后成为英格兰伟大的护国公的时候，还依稀记得一些拉丁文，并用拉丁文同荷兰的大使进行过交谈。

另一个传记作家告诉我们："克伦威尔主要见长于数学。"他的亲戚——诗人沃勒也常常说："护国公读了许多关于希腊和罗马故事的书。"从克伦威尔给他儿子理查的信件中可以发现克伦威尔的喜好是什么。信中克伦威尔劝导理查："读一点历史，学习数学和宇宙志，再加上对上帝所创造事物的敬畏，这些都是很有益处的。而一个人生来就是为公众服务的。"

据说，克伦威尔的教师以他卓越的辨别力观察到，他的学生对思考不如对行动那么专心致志。保王党的传记作家也对克伦威尔青年时期热爱体育运动进行严厉指责。有人说："他很容易对学习感到厌倦，而对骑马和野外运动则非常高兴。"还有人形容他说："克伦威尔在运动场上的名声更超过他在学习上的名声。他是拳击比赛的主要组织者，也是足球以及其他喧闹运动和游戏的主要成员。"

喜动不喜静，喜欢冒险和刺激，这显示出他旺盛的精力。这里我们尚且看不出他日后成为惊世伟人的痕迹，却已经能够在隐约中看到那个驰骋疆场的将军英姿飒爽的轮廓了……

虽然大学的生活轻松愉快，但是克伦威尔没有取得圆满的结果，克伦威尔在离开剑桥西德尼·萨赛克斯学院的时候并未取得学位。因为在此期间发生了一些他始料未及的事情。这一切要追溯到克伦威尔的父亲——罗伯特·克伦威尔的病逝。

1617年夏天，听到父亲去世的消息后，克伦威尔策马疾驰，飞奔回亨廷顿的乡下小镇。父亲的突然去世，让克伦威尔一家陷入了混乱。作为家里唯一的儿子，克伦威尔担起责任，帮助母亲打理农庄、整理家产以及处理父亲的身后事，于是，奥利弗·克伦威尔不得不中断了学业。

1617年6月24日，克伦威尔的父亲罗伯特·克伦威尔葬在亨廷顿的万圣教堂。在此之后，克伦威尔真正结束了他美好而愉快的大学生活。

尽管克伦威尔匆匆结束了他短暂的大学生活，但在那里，他进步不小。在大学里，他有机会接触那些学识广博的知识分子，浓厚的学术气氛使克伦威尔获益匪浅。这也使得克伦威尔逐步成长为一个谦逊、能干、勤勉、知识丰富的人，无论是帮助母亲打理家中的生意还是管理农庄，克伦威尔都进行得有条不紊、条理分明，这也让亨廷顿小镇的居民都很喜欢这个出色的年轻人。

留在亨廷顿接管父亲家业以后，克伦威尔打算去伦敦学习一些法律知识，在那个时代，法律是任何乡村的绅士所必须了解的内容，也是那些地位比较重要的、以后将成为治安法官和议会议员的人所不可或缺的。

一个同时代的传记作家这样描述克伦威尔："他在林肯法律协会学习法律，以便使他成为一个名副其实的绅士和良好的共和主义者。"

那么就让我们把目光放在1619年，那个疾驰在前往伦敦的路上，即将面向更广阔世界的奥利弗·克伦威尔身上吧！

4. 码头旁的贵公子

作为英国的政治、经济、商业中心，伦敦在17世纪已经显示出了大都市的繁华。这里的居民多达二十万，这在当时来看，已经是世界上居民最多的首都城市之一了。伦敦的兴盛与繁华，与当时英国的工业发展紧密相连。

英国的工业，在伊丽莎白女王统治时期就已经打下了十分雄厚的基础。

毛纺织业一直在英国工业发展中占据主导地位，呢绒制造业为英国16世纪和17世纪的主打行业。这些商品的对外贸易都是通过海路运输到世界各地的。因此，流经伦敦的泰晤士河起到了关键作用，大大小小的码头，热闹非凡。

缓缓流经伦敦市中心的泰晤士河，每天清晨都有新鲜而耀眼的阳光照射过来，透过如纱般的薄雾，温柔地倾泻在光滑如镜的河面上。两岸鳞次栉比的哥特式建筑，伴随着教堂里悠扬的钟声，迎来了伦敦充满生机的一天……

泰晤士河的码头旁，人头攒动，伦敦大街上的人也越聚越多。商旅小贩聚集在伦敦桥上，好不热闹！人群中，有一位二十岁出头的年轻人，他肩宽背阔，相貌俊朗，宽宽的额头，机敏的双眼，清晰的轮廓给人一种刚毅的感觉。他表情中略带矜持，穿一身得体的粗布衣服，这就是我们的那位乡村绅士——奥利弗·克伦威尔。与身边那些香车宝马、锦衣玉食、举止放荡的富家子弟相比，克伦威尔显得格格不入，似乎这座城市不属于他这样的人，看起来这里并不是他的沃土。

码头上，有的人在高声谈论，有的人在窃窃私语，交头接耳。他们成群地聚在一起，或是谈论着自己在海上的奇异经历，或是谈论着某位贵族的风流韵事，也或许是谈论着某个行业行情的涨落，还有个别的"神秘人士"在谈论着国王的新政策。

伦敦的码头，可以说是当时世界上最繁华的码头了。这里每天都会有世界各地大大小小的船只抵达，也有无数船只从这里出发，驶向各个地方。英国的商人，把本土的呢绒、羊毛、啤酒、奶酪等运往世界各地，然后再从各地带回铜制品、服饰等特产……世界贸易就这样进行着，悄然滋生的是资本主义贸易，是资本主义的生产

方式，这一切的背后，真正兴起的是资产阶级新贵族。

在大量的海外贸易支持下，英国伦敦变得繁荣起来，在繁杂的伦敦桥上，人们谈论着世界各地的奇闻轶事，热闹非凡。

伦敦的码头称得上是英国的信息中心，在这里驻足停留，就可以掌握当时事态发展的最新资料。相比于那些王室秘闻，或者说所谓的商业机密，克伦威尔更关心战争的发展，还有人们对于战争发展的基本态度和看法。

克伦威尔在伦敦居住一年时间，开阔了自己的视野，也收获了自己的爱情。1620年8月22日，奥利弗·克伦威尔娶了比自己大一岁的受人尊敬的皮货商人——詹姆斯·鲍彻爵士的女儿——伊丽莎白·鲍彻为妻。不管保王党的传记人怎么讽刺，如果照片可靠的话——从照片上来看，克伦威尔的妻子伊丽莎白·鲍彻长相既不丑陋，也不卑琐。只不过，这一切的一切，似乎都是命运在向世人无声地昭示着，年轻的克伦威尔注定与贵族无缘。

詹姆斯·鲍彻爵士住在塔山，在埃塞克斯的弗斯特德拥有很多财产，因此，克伦威尔的妻子在嫁给他的时候，带给克伦威尔很多嫁妆。

克伦威尔带着自己的新婚妻子，回到了那个远在亨廷顿的乡下小镇，重新开始了自己安逸的田园生活，依旧做着潇洒的乡村绅士。

第二章　乱世田园

1. 身外乱世

离开伦敦，带着自己的新婚妻子回到亨廷顿的克伦威尔在乡下过着潇洒的田园生活，而此刻的斯图亚特王朝的君主——詹姆斯一世进入了他昏庸统治的末期。

克伦威尔婚后第二年，也就是1621年，终止了七年的议会得以重新召开，面对内忧外患的窘境，詹姆斯一世实在无奈，不得不求助于议会。但不妙的是，议会一经召开，议员们就对詹姆斯一世的独断专行开始了大肆声讨，对詹姆斯一世的专权表达了强烈不满。

1621年，詹姆斯一世已经先后把七百多项专卖权赐给了他的宠臣。议会运用自己的权力，惩治了一部分大发横财令人痛恨的专卖商人，同时还对幕后那些支持这些专卖商人并且签发专利特许证的国家大臣进行追究，许多人因此被撤职，这其中还包括后人熟知的大法官兼哲学家——弗朗西斯·培根。他被民事法院首席大法官爱德华·科克带领的下议院议员们弹劾，并以行贿罪下台，随后被监禁。

英格兰议会的下议院还抨击詹姆斯一世的外交政策。

1618年，西班牙侵占了波西米亚国王弗里德里克的领地，而英国普遍支持弗里德里克，议会倾向于对西班牙开战。因为弗里德里克是新教徒，又是詹姆斯一世的女婿。

但是，詹姆斯一世本人异想天开地认为：可以通过查理王子和西班牙长公主的婚姻来促使西班牙归还弗里德里克的领地。于是，詹姆斯一世便开始安排王储查理与西班牙长公主的婚礼了。

1621年秋，议会重新开会时，下议院仍旧坚持要对西班牙开战。对此，下议院起草了抗议书，声称宗教事务和对外政策是下议院商讨的主要议题。詹姆斯一世怒火中烧，他指责议会"干涉这样重要的国家大事，并且绝对不允许议会谈论王储同西班牙王室联姻的问题"，双方争执不下。当议会于12月18日对詹姆斯一世的特权问题加以讨论并表决时，詹姆斯一世愤怒地解散了下议院，并向伦敦金融家借款，恢复了王室的偿付能力。

不仅如此，丧心病狂的詹姆斯一世还在12月30日撕毁了关于过往特权问题的一页，并且下令逮捕了几名下议院表示不服气的议员。

如此粗暴的做法使得整个议会上下人心惶惶，没有人再敢去反抗国王的特权、反抗国王的政策，更没有人再敢挑战国王的权威。不过，表面的顺从消灭不了内心的愤怒，群众的怒火一直在燃烧。

在这样的情况下，詹姆斯一世便肆无忌惮地开始了与西班牙的联络，加快了他的专制统治。

1623年，在国王詹姆斯一世的授意下，王储查理在国王宠臣白金汉公爵的陪同下，浩浩荡荡地前往西班牙，去马德里相亲。万万没想到的是，前往西班牙向长公主求婚的查理王子和白金汉公爵在西班牙碰壁受辱，只能垂头丧气地回到了伦敦。回到英格兰的两个人突然转变政策，联合下议院的反对派，要求对西班牙作战。

内外夹攻，再加上西班牙人的冷漠，让詹姆斯一世愤怒起来，他让下议院重新探讨他在1621年已经否决的法案。不过，詹姆斯一世这种出尔反尔的外交政策，已经使英格兰人的民族感情受到了极大的伤害。

1625年，不可一世的英格兰国王詹姆斯一世病逝。1625年3月27日，二十五岁的王储查理即位，他就是英国历史上臭名昭著的查理一世，毁在铁将军克伦威尔手中的国王。

一开始，据说查理一世为人严肃，行为端正，大家公认他信教诚心笃定，并且勤劳朴素好学多问。他曾经游历外国，受过议会的教育，毫不放荡，寡言少语，但是并不难亲近。查理庄严但不傲慢，在家中彬彬有礼，说话有些轻微的口吃，处事优柔寡断，缺乏他父亲詹姆斯一世的机智和敏捷。他的一举一动、一言一行无不表明他会是个高尚正派主持公道的人。他的仪态和风度让朝廷的大臣们敬畏，也赢得了人民的爱戴。所以在他即位登基的时候，英格兰上下自然而然地产生了对新君的希望。但是人们做梦都没有想到的是，新国王在远离大臣和人民这方面，真称得上是前无古人，后难有来者。他没有让人们松口气，就让整个英格兰陷入了更加糟糕的局面。

詹姆斯一世对君权神授的理论只限于想一想，说一说，查理一世却在实际的政治生活中操作这种过时的理论，这正是查理一世个人的悲剧所在。

当时的英国政府，可谓内忧外患。奥利弗·克伦威尔正在他的庄园忙碌着呢，过着他惬意闲暇的乡绅生活，英格兰政治舞台上的一切纷乱都不是他所在意的，也与他无关。那时的他不曾想到，也无人知道他会成为一个影响英格兰历史的伟大人物。

2. 大世界，小生活

远在亨廷顿的奥利弗·克伦威尔正和他的新婚妻子经营着他父亲留下的田产，做着他安分的小乡绅。生活虽然简单，却是当时许多人可望而不可即的幸福，而克伦威尔夫妇两人也乐在其中。

根据老克伦威尔的遗嘱，奥利弗·克伦威尔对土地有继承权，同时，他也要承担赡养母亲和兄弟的责任。克伦威尔的新婚妻子伊丽莎白带给克伦威尔的嫁妆谈不上丰厚但也称不上寒酸。因而，在新婚的前几年，克伦威尔和伊丽莎白的生活并不十分宽裕。再加上当时英国的经济处于萧条时期，小麦不仅收成不好，并且大幅度跌价，地租也大大降低，这一系列的因素都使得作为乡绅的克伦威尔一家受到了影响。

克伦威尔在亨廷顿的家产有两英亩牧地、四英亩草地和为数不多的耕地。他不仅要维持自己和新婚妻子的日常开销，还要照顾和赡养他的母亲以及他相继出生的儿子们，此外，他还要为他的四个妹妹准备嫁妆。即便奥利弗·克伦威尔继承了老爹罗伯特·克伦威尔的家产，但是在这一系列的开销之后，剩下的收入对于一个乡村绅士来说，就显得微不足道了。

都说"福无双至，祸不单行"，就在克伦威尔为生活奋力挣扎时，克伦威尔家族中最富有的代表、赫琴布鲁克的主人、与奥利弗·克伦威尔同名的伯父——老奥利弗·克伦威尔不幸破产了！老奥利弗不得不以低廉的价格将他的豪华府邸变卖给了西德尼·蒙太古爵士，搬到偏僻的雷姆西的小村舍中去隐居，度过他的晚年。

在那些困难的日子里，年轻的克伦威尔整天都忙碌在自己的庄园，从早到晚，一刻也不曾停歇。农庄里大大小小的事务都落到了克伦威尔刚刚独立的肩膀上。

他需要亲自过问农庄的所有琐事：每天清晨，年轻的克伦威尔要去田间察看庄稼，照顾在草地上的牛羊；做好这一切后，还要顺便去别的农户那里催促他们交还拖欠的租金费用；时不时地还要听听农民的诉苦；闲暇的时候，就查查自家农庄的账目，量入为出。这样的生活，忙碌紧张而充实。

克伦威尔的妻子伊丽莎白是个纯良的家庭妇女。毫无疑问，她对她丈夫的爱和眷恋是忠贞不渝的，这使得克伦威尔在每天忙碌之余，生活尽管依旧不太尽如人意，却有个美好的心情去展望新的一天。

在一封书信中，伊丽莎白埋怨自己的丈夫没有给自己回复书信，克伦威尔对此回复说："我想责备您，因为在您写给我的诸多信件中，多次提到要我漫不经心地去对待您和我的孩子们。说实在的，我若不是同样爱您的话，就不会对您有此番责备了。对我来说，您是这世上我最亲爱的人，只说这点就已经足够了。"

在伊丽莎白写给克伦威尔的另一封信中，她说："当你不在的时候，我的生命好像缺少一半。"由此可见，她对克伦威尔的爱是多么浓烈和深厚。这也让克伦威尔在那段艰苦的生活中有了更多的动力和希望。

即便这段并不富裕的日子持续了一段时间，但是克伦威尔的幸运之处在于，他已经被指定为他的舅舅托马斯·斯图尔特的继承人。

1628年，他的另一个舅舅理查·克伦威尔把在亨廷顿的一笔为数不多的财产留给了克伦威尔。

时光就这样在克伦威尔忙碌的身影中不知不觉地逝去了。纷乱的农庄和家庭的琐事并没有让这个野心勃勃的年轻人丧失斗志和激情。相反，奥利弗·克伦威尔始终保持着旺盛的精力，依旧做着他最喜爱的运动——在乡间的小路上纵马奔驰，提着猎枪一连几天去打猎，或者去镇上的小酒店彻夜狂欢。当然了，这一切的背后，依旧有着克伦威尔对政治所存在的最大的机敏和热情。

克伦威尔在农庄里并未丧失对世界的关注，相反他更加关注时局的变化。在内心深处，克伦威尔对政治舞台抱有很多渴望。他依旧时刻关注着英格兰对法兰西、英格兰对西班牙这些无休止的战争，还有刚刚登基没多久的查理一世与议会愈加尖锐的矛盾，暴风雨似乎正在酝酿中。

他身在乱世的田园，却没有被身边琐事消磨斗志，依旧保持着最初的热情，这些都如此难能可贵。

3. 新人物

俗话说，乱世出英雄。17世纪二三十年代的英格兰正逢乱世，正是需要英雄的时代。

国王与议会，英格兰与西班牙、法兰西这些国家的民族纠纷都使得英格兰陷入了前所未有的窘境。

面对国王无礼的专制，议会的法官们一方面不甘心做国王的奴隶，另一方面又不敢光明正大地断案，他们用躲闪的方式极力地回避局面。换句话说，这些无能为力的法官们，内心对于专制是反对的，他们表现出的态度是不赞成不同意；而对于自由，他们又不敢声张，不敢说支持。

人们对于这样的议会自然不满意。目前为止，人民还没有强大的力量，但是局势表明，他们正在日益采取攻势，而不是一味地受人欺压。

与此同时，英格兰又为一件丢脸的事情付出了高昂的代价。英王宠臣白金汉公爵率领的援助法兰西罗歇尔的军队，由于统帅指挥无能，损兵折将地败回了本土。

不论是住在城市还是乡下的那些为人民所敬爱的家族，都深深感到耻辱，整个英格兰陷入了一片愤怒之中。

……

这些消息不胫而走，自然也就慢慢地传到了远在乡下的小镇亨廷顿。

不论是英雄造时势还是时势造英雄，反正乱世是个很容易出现人才的时机，只不过，很多英雄在成为英雄之前都是默默无闻的，就好比我们的主人公奥利弗·克伦威尔。

当英格兰战败的消息传来的时候，奥利弗·克伦威尔正忙于他的庄园还有他妻子伊丽莎白的啤酒店。听到这些消息他在啤酒店里愁眉紧锁，唉声叹气。

在伊丽莎白的啤酒店，一群人在烟雾缭绕的房间中听着一位刚从伦敦回来的商人讲述皇家军队在法兰西的惨败，人们围绕在桌子周围，屋子里异常安静。

持续了五个多月的战争，致使两千多英国士兵丧命，而敌军却无一人死亡。

这样的消息说明了什么？士兵死了，船只沉了，军队败了，荣誉也毁了！这一切的一切并不是说敌军多么勇猛，更不是出于偶然，而是在于我们所委任的人，是何等无能！

国王与议会的冲突不断，矛盾愈演愈烈，各不相让。宫廷派系纷争不断，宠臣当道，人民处于水深火热之中。国家的腐败和无能就像一块无形的石头一样，压在民众的心头，让人喘息不得。

国王的脑袋里装的是什么？议会又在研究些什么？小小的啤酒店里，充斥着这些寻常小市民的哀叹和无奈，还有不起丝毫作用的抱怨。

夜深了，顾客们不得不忧心忡忡地散去，留下一地的烟蒂，还有渐渐消散的烟雾和难以消散的叹息。

伊丽莎白收拾着啤酒店的残局，看见她的爱人正坐在啤酒店的一角静静地发呆，眼睛凝视着桌角上的煤油灯，手指夹着烟，心事重重地吞云吐雾。

"唉……"伊丽莎白叹了口气，心想，"坏消息不断地传来，奥利弗已经失眠好几个晚上了……可怜的人啊……"

这样的境况，让克伦威尔怎能安然入眠？凡是有一点爱国之心的人都会感到惶惶不安，更何况是克伦威尔这样有着雄才大略的英格兰未来的伟人！

从这之后，克伦威尔好久不曾欢笑，他的心中始终系着国家的荣誉，还有那惨痛的战事。即便是在骑着马儿狩猎，或者是驰骋在乡间无人的小路的时候，他也难以展露欢颜。无忧无虑、自由自在的克伦威尔不见了，他变得沉默寡言。时常静坐着发呆，吞云吐雾的时候，谁也不知道他到底在想些什么。

当克伦威尔独自坐在屋子里。事实上，人虽在亨廷顿，心却早已飞到了英格兰的首都——伦敦。

他不断思索着英格兰国内一天天局势的变化，面对如此复杂诡谲的形势，克伦威尔理不出丝毫的头绪。但是他渴望能寻觅一条光明的出路。

克伦威尔是个虔诚的清教徒，但是自从斯图亚特王朝詹姆斯一世执政以来，清教徒就一直受到英国国教的迫害，继而一蹶不振，所以英国国教一直是被克伦威尔所憎恶的。他心中的痛苦自是不必言说。

前位国王詹姆斯去世后，如今的英王查理一世所迎娶的是一位信仰天主教的法国公主，这是多么令人难以置信的事啊！如此一来，在英格兰，就更没有清教的立足之地了，这让克伦威尔压抑之至。他心中神圣的信仰被可恶的国王一次次地践踏，而他本人却无能为力。

为今之计，可以寄予希望的就只有议会了，本以为议会是英格兰伟大的祖先们遗留给子孙后代的最好礼物，可谁知道，查理一世比詹姆斯还要独断专行，根本不去理会议会。议会刚提出对他执政的不满，就遭到了被解散的命运。就连议会的官员们也不能幸免，个别的敢于争取独立、民主、自由和维护人民利益的官员还要受到查理一世的人身迫害……于是再也没有人敢站出来为民众说话，人民苦不堪言，却只能生生被蛮横地压迫。在当时的英国，人民处于一个十分压抑的状态。

这是怎么了？好好的国家，从什么时候起，从哪个环节开始，天下大乱？克伦威尔百思不得其解，却无能为力。因此，他很迷茫。

面对着如此繁杂的形势，克伦威尔也是空有一腔爱国的热情，他能做些什么？唯有等待时机，等待让他不鸣则已，一鸣惊人的时机，他要救民于水火，他不甘心看着人民被欺侮被压迫，他体会得到民众的疾苦，他要做些什么了。

这一天清晨，克伦威尔和家人吃过早餐，极其反常地出门了。他的脸色因为连续多日的失眠变得苍白，但是目光依旧炯炯有神。

他来到人流涌动的大街上，恰巧遇到了两年前和他一起赌钱娱乐的一位乡村绅士，他礼貌地把这个乡绅招呼到自己跟前，温和却不乏坚定地说："这是你过去输给我的钱，现在，请您收回吧，这本该是您的。"对面的乡绅怔住了，愣了几秒之后，看着克伦威尔微笑温和的表情，他才确定了自己听到的不是疯话也不是傻话，顺便掐了掐自己的大腿，好吧，这一切都是真的，他高兴地接过了克伦威尔举了半天的钱，愉快地离开了。

诸如此类的事情还有很多。人们都用怪异的眼光看着克伦威尔。

于是，亨廷顿的乡间，茶余饭后，人们便开始谈论这样一个乐于助人并且胸襟宽广的年轻人。克伦威尔得到了亨廷顿居民的普遍尊重，人们在惊讶于这个年轻人的品德的同时，更是把这个小小的乡村绅士当成了善良和正义的化身。

1628年3月17日，在国王查理一世准备召开第三次议会的时候，受人爱戴的克伦威尔顺理成章地成了亨廷顿首选的议员代表，前往威斯敏斯特。

克伦威尔的政治生涯就此开始——在查理一世和他的议会争吵到完全破裂的时候，克伦威尔登上了他的政治舞台。

这是英格兰议会的新人物，这是个崭新的开始。

此时的国王，已经越发嚣张了。在英格兰的第三次议会会议上，查理一世的宠臣白金汉公爵一如既往地不可一世，他在感觉到人民已经背离他的同时，却依旧叫嚣着，要求人民为他筹集款项。

查理一世真的是不可多得的愚蠢的国王。召开第三次议会会议，明明是有求于人，企图通过这次议会来征集钱款，以此来走出困境，以解燃眉之急，但是，这个不可一世的国王竟然依旧盛气凌人。

查理一世说："现在，我们每个人都要凭着良心来做事。由于国家现在有很多的需要，就是说，你们如果不各尽其责，不为国家的需要做出贡献，为了对得住我的良心，我也只好采取另外的方法，用来弥补被某些愚蠢的人做出的愚蠢行为所造成的损失……大家千万不要把这些当作是我对你们的恐吓，实质上，这只是一种劝告。毕竟从我的本性与责任出发，我是以你们的安全和繁荣为己任的……"

明明已经一蹶不振，却还是这样虚张声势，舍不得丢掉他专制君主的语言。

下议院始终无动于衷，他们的坚持显而易见，他们坚决不退缩，他们要让国王知道，他们的自由权利是天生的，是独立的，是上帝赋予的，并且应该是受法律保护的。

白金汉公爵，是个唯恐天下不乱的小人，他在议会会议上的发言使得国王与议会的矛盾与冲突更加激烈。

在一次又一次疯狂压榨之后，白金汉公爵终于引起人们的愤怒，并于1628年7月遭人暗杀。杀人者声称，为了人民的利益而刺杀这个人民的公敌。面对那个勇敢的刺客，群众高呼，上帝祝福你。

白金汉公爵被刺杀，不仅没有让查理一世意识到事态的严重性，反而激起了他更大的无理傲慢。随后，他纵容他的天主教徒的王后的信仰，这就在议会激起了新一轮的较量。

此时的下议院已经怒不可遏，这一天，议会里出现了一个衣冠不整、容貌普通，但是语言铿锵、言辞犀利的发言者。他用愤慨的语言痛斥天主教纵容无名教徒为非作歹，这是他第一次登台发言，他的发言受到了热烈回应，他就是克伦威尔。

查理一世感到了一股悄然滋生的危机感。于是，1629年1月21日，查理一世终于大言不惭地说出："我今天来到这里，是为了解散议会。"

就这样，查理一世开始了他长达11年的无国会统治时期。

4. 被扣留的历史

议会被查理一世解散之后，克伦威尔再次回到了亨廷顿的乡下，继续他乡村绅士的生活。

身在乡间的克伦威尔依旧不忘政治，查理一世越发嚣张的专制统治让克伦威尔整天忧心忡忡。在伦敦短暂的日子，使克伦威尔见识了不少新鲜的事物，这一切又都让他振奋。这期间，奥利弗·克伦威尔结识了皮姆等人，并和他们成了真挚的朋友，一有空闲的时间，一群人便会聚在一起研究和探讨。

在首都，丧心病狂的查理一世纵容王后胡作非为，大肆地迫害清教徒。不久以后，迫害清教徒运动从首都漫延开来，甚至，开始影响克伦威尔的生活。

1631年5月，克伦威尔不堪天主教的欺压，只好变卖他在亨廷顿的全部家产，举家搬迁到乌塞河下游5英里的小镇居住。在那里，克伦威尔租了几处牧场，由此成了别人土地的租户。

在没有国会束缚限制的几年里，查理一世更加肆无忌惮。加上来自法国的天主教王后煽风点火，迫害清教徒的运动愈演愈烈。英格兰成了清教徒的地狱。

清教分为独立派和长老派两个派别，英格兰当局对这两个派别都横加迫害，并且专门设置了皇室法院和高等法庭对清教徒加以打击和压迫。仅仅是因为清教徒进行了反对国教的宣传，就大肆捕捉关押清教徒，并对他们施以拷打等惨无人道的刑罚。

1630年，因清教长老派作家亚历山大·莱顿在荷兰出版了一本反对天主教的书籍，他被皇室法院判处一万英镑罚金并处以终身监禁。

不仅如此，在被判处终身监禁后，莱顿还受到了鞭挞、烙印、割掉鼻子耳朵等非人的折磨。

面对这样野蛮专横的制度，大家敢怒不敢言，只能选择背井离乡，远离英格兰，到能够让清教徒们正常生活的地方去。克伦威尔也想到了这条求生之路。

这是暴力独裁，而人们需要的是自由、平等还有民主！

于是，克伦威尔携妻带子走上了即将开往美洲那片"自由的庇护所"的船。"一切噩梦都要结束了……"克伦威尔心想。

可是，正当这艘船即将起航时，克伦威尔忽然被英格兰当局的相关部门扣留，于是，克伦威尔还是没能离开这片让他忧心忡忡的土地。

也正是这阴差阳错的扣留，才有了英国日后的历史。如果克伦威尔一家真的顺利地搭上了那艘前去美洲的船只，那么他以后的生活也就很难说是怎样一番光景了。

第三章　动荡年代

1. "泽地勋爵"

克伦威尔在乡下只算得上是一个小乡绅，并且由于要赡养他的母亲和为妹妹们准备嫁妆，生活并不是十分富裕。然而1636年，对克伦威尔来说，却是个走运的年份。

1636年，居住在剑桥郡的克伦威尔的远房舅舅托马斯·斯图亚特不幸过世，使得克伦威尔在剑桥郡获得了一笔十分可观的遗产。于是，继承了遗产之后的克伦威尔摇身一变，成了剑桥首屈一指的大乡绅。就是这样一种改变，让原本与贵族无缘的克伦威尔一瞬间跻身于英格兰的上流社会，并且同在亨廷顿居住的时候一样，受到了当地人的爱戴和尊敬，从此，克伦威尔的生活焕然一新。

他是受人欢迎的乡村绅士，谦恭有礼，温文尔雅，平易近人，就连相邻各个郡的人们也都知晓克伦威尔的大名。

即便如此，克伦威尔在当时的影响力还是有限的。在查理一世中止议会、独断专行的这十一年里，克伦威尔的名字也没有过多地出现在英格兰的王宫里。

就算是偶有几次提及，对克伦威尔来说，也都是一些无关紧要的小事情，这其中还包括克伦威尔拒绝了英格兰王室册封给他骑士称号一事。这虽然是件小事，但是能看出他是个不同凡响的人，面对利益和声名，能够理智地拒绝，这绝非等闲之辈能够拥有的高尚情操。

外界的任何因素都没有妨碍克伦威尔以愈发浓厚的兴趣注视着英格兰专制独裁政府的走向，他心中的热血已经燃烧起来。

与此同时，克伦威尔也因为没有接受骑士头衔，并拒绝参加受封骑士身份的仪式，而遭到了英格兰相关部门的惩罚，他的此次怠慢和疏忽被处罚金十英镑。

虽说没有接受英格兰王室的册封，没有成为人人羡慕的骑士，但是在克伦威尔生活的地方，他却有个响当当的"封号"，人们亲切地称呼奥利弗·克伦威尔为"泽地勋爵"。

说起这个称号，还有个典故。

剑桥郡有很多沼地，为了有更多可以好好利用的土地，大家不得不通过自己的力量来把沼地排干。而热心善良的克伦威尔经常为乡亲们排水排涝，对周围的贫苦大众表现出了极大的热情。1634年，克伦威尔主动担当此等大任，组成公司，去从事排干剑桥郡附近一个被称为"大水平"地方的沼泽。此事受到广泛赞扬。1643年，一家王党报纸给克伦威尔起了个响当当的绰号——"泽地勋爵"。因此，克伦威尔也就开始被大家友好地称作"泽地勋爵"了。

在军事上，克伦威尔与这样的称号是无缘的，但是能在沼泽地的平民中拥有此等声望，也不是一件简单的事。

就在克伦威尔刚刚举家搬迁到剑桥郡不久，一家皇家的沼地排干者竟然恬不知耻地公然动手，把已经排干了的从前属于村社所有的土地，攫取为自己的私有财产！

是可忍，孰不可忍。作为"泽地勋爵"的克伦威尔在事件发生的第一时间挺身而出，他义正词严地与之理论和争辩，极力地为农民的利益申辩和斗争。此时的克伦威尔，俨然一个怜悯广大贫苦民众的正义化身，人们也有足够的理由相信，"泽地勋爵"是个心系百姓的好人。

在克伦威尔看来，皇家沼地排干者的所作所为，同样属于依靠颁发特许证的国王纵容之下的暴行，是对人民的欺压和迫害，这是他最痛恨的。而克伦威尔，作为这样一个心系百姓的人，他从内心里觉得自己有责任和义务与人民站在一起，他要维护广大民众的利益，竭尽所能地为他们争取正当的权益。他对农民命运的理解和感同身受的慈善之举，更能赢得群众的拥护。因此，对广大拥有土地的农民来说，克伦威尔不仅是友善的"泽地勋爵"，还是他们小村社土地权利的伟大捍卫者。群众对他的敬意越来越高。

克伦威尔的一系列举动，使他在当时整个英格兰的东部赢得了"村社的自由与权利的捍卫者"的荣誉。让每个村民都把克伦威尔看作了自己的领袖，并且随时准备跟随他。

此时，克伦威尔渐渐脱颖而出，走上了领袖的道路。

就这样，奥利弗·克伦威尔，做着他的"泽地勋爵"，为人民办着切身的实事，这都为以后他的政治道路做好了准备，是他辉煌的一生重要的奠基。

2. 混乱与动荡

关于查理一世的独裁统治，并非悄悄建立或者逐渐形成的一种局面，而是迅速建立起来的，为此，查理一世甚至大言不惭地公开宣布他的意图。

查理一世说："我们通过经常召开国会会议，已经向人民表明，我们是喜欢让国会发挥作用的。然而，它最近滥用权力的行为使我们目前不得不中止它的活动。如果有人想规定我们召开国会会议的时间，我们将认为这是自以为是，召集国会和解散国会的权力一直在我们自己手里。如果人民更清楚地看到我们的利益所在以及我们的行动意义，如果那些惹是生非使国会解散的人受到应有的惩罚，那么我们很愿意重新召开国会会议。"

查理一世深知，他设想的独裁统治需要有其他重大措施进行配合。

第一个条件，英国必须同法国和西班牙实现和平。因为只有在和平的情况下，他才能专心建立起独裁统治。第二个条件是，查理一世至少要把国会的部分领袖争取过来，与自己狼狈为奸。个人独裁的第三个条件，是拥有决定一切的金钱。怎样筹措金钱呢？必须厉行节约，不要打仗，不要进行任何冒险活动，也不要发生任何动乱，国事活动减少到最低限度，尽量保持平静。只有做到这些，才可以让他以后的独裁统治更加畅通无阻。

因此，查理国王努力争取控制朝政。但是即便如此，他还是无法摆脱困难重重的局面，宗教问题一直困扰着查理一世，而这时的议会，并没有放弃多年来的努力，依然一如既往地进行着反对工作。

查理一世刚刚即位时，颁布了一项法案，企图剥夺贵族自宗教改革以来得到的所有教会土地，结果使贵族产生了离心倾向。更重要的是，他决心改革主要落入贵族腰包的什一税，减轻小地主的负担，增加牧师的俸禄。他甚至打算加强苏格兰的主教权力，但却遭到苏格兰贵族的反对。自然，作为国王代理人的苏格兰主教在地主和教士面前越来越不受欢迎。查理国王为了加强苏格兰主教的力量，对宗教法进行了新的解释，其中强调了国王的地位。一些新的《祈祷书》在伦敦起草完毕，以统一苏格兰的宗教活动。1636年政府公布了这些《祈祷书》。

查理一世和他的谋臣们并不想对新教教义表示异议，更不想转向罗马天主教，他们只是想强调新教注重仪式派的观点。他们重申国王的最高权力，规定了更严格的仪式，尤其是充实了圣餐仪式。

但这样的改变，使他们同上层阶级的物质利益、各个阶级的宗教信仰和苏格兰民族的独立精神发生了冲突。苏格兰人民普遍感到不满，迅速产生强烈的反对意见。

1637年7月，苏格兰的政教上层人士集中到爱丁堡的圣·贾尔教堂，准备首次郑重朗读新《祈祷书》。许多牧师和教徒从苏格兰各地来到爱丁堡。当教长宣读新《祈祷书》的时候，一阵逐渐涌起的怒吼和谩骂声淹没了他的声音。

"打死他！我们不要罗马主教！一个伪基督！他要带我们下地狱！"随着一阵激烈的谩骂和指责声，一名愤怒至极的下层妇女甚至拿起了脚凳，朝这只原形毕露、披着羊皮的狼打去……妇女们冲上前去，要抓住副主教撕扯，还有很多人拿着木棍、石头朝着大主教丢去……整个仪式变成一场骚乱。

若不是政府官员及时赶到，大主教一定会惨死在圣·贾尔教堂。

爱丁堡的群众卷起了愤怒的狂澜，这浪潮造出的庞大声势，使查理国王大为吃惊。主教和国王的权威在这里受到了强烈的震动。

眼看着群众日益高涨的情绪，国王查理有些担忧，他觉得在这个时候必须要做点什么，以缓和这股力量，否则必会酿成难以想象的苦果。

在各方压力之下，国王表示愿意修改新《祈祷书》。

国王查理自觉修改《祈祷书》是理想手段，但从结果上来看，没有太大的实际作用。更多的呼声趋向于立即废除这部令人讨厌的新《祈祷书》，可这是查理非常不愿意做的。

于是，修改还是废除成了双方分歧的焦点。围绕这个焦点，双方开始了长期谈判。苏格兰人的愤怒情绪有增无减。

双方对峙持续升温，最后，苏格兰人起草了一份请愿书。眼见局势无力控制，国王收回了新《祈祷书》。

1637年，查理表面上仍然一再让步，实际上，他正准备集结各方面势力向教会和国家里一切反对他的力量宣战。

1638年2月28日，国王在爱丁堡宣读了一项新的宗教协议。萨瑟兰伯爵第一个在协议上签名，许多重要人士也跟着签了名。越来越多的人像是受到了蛊惑一样，狂热地支持这项活动。

更有许多人是蘸着血签名的。这股力量越滚越大，蔓延到了城市、乡村的各个角落。

查理国王没有料到后果如此严重，他自然不想被这股汹涌而来的力量吞没，不得不再次做出让步，以平息这股风波。

3. 战争出伟人

1640年4月5日，中断了11年的英格兰国会终于在威斯敏斯特重新开幕了。克伦威尔再次信心满满地走进了英国国会的下议院。

在众多代表中，克伦威尔并不出众。不过，他的意志和决心出类拔萃，他对下议院的一位议员说："假如抗议书遭到否决，我在第二天早晨就会变卖所有财产，永远离开英格兰。我知道有许多正直的人抱着同样的态度。"

国会会议加重了国王和议会的矛盾，双方针锋相对。正当国王和议会的斗争渐渐激烈时，苏格兰军队侵入英格兰土地。

苏格兰侵略军占领了达勒姆和诺森伯兰，他们在占领区大肆抢掠。

面对侵略，查理国王无力阻止，无力迎战这样一支庞大的侵略军，查理很沮丧。此时，枢密院建议同苏格兰人讲和。

议和谈判开启后，贪婪的苏格兰人狮子大开口。他们提出，英格兰在答应他们的要求之前，每月付给他们四万英镑作为驻扎在英格兰的苏格兰军队的费用。经过讨价还价，这个数目减少为每天八百五十英镑。就这样，"主教战争"算是草草结束了，但是，真正的战争尚未开始。

1640年11月3日，英格兰有史以来最令人难忘的一次国会召开。有人力劝换一天开幕，因为这是个不祥的日子。亨利八世在位的时候，曾于11月3日召开议会，结果，开会时死了红衣大教主沃尔西，闭会时许多寺院被毁。但查理国王执意选择11月3日作为开会的日子。

这次议会的会期较长，在各届国会中位居第二。

会议讨论重点集中在与苏格兰的战争和赔款数目。议员们被查理软弱的外交政策激怒了。为了缓和局面，下议院领袖皮姆费尽心机控制着议员们的怒火。

另一方面，国王的亲信斯特拉福德为了挽救国王伪造了皮姆和苏格兰侵略军联系的证据，准备废除他的议员资格，但得到消息的皮姆先发制人。

11月11日下午，皮姆在三百名议员的簇拥下，带着弹劾斯特拉福德的文件来到上议院。斯特拉福德已奉国王之命回到伦敦，在听说情况有变之后，又回到议院。

在会议上，皮姆出示了斯特拉福德与苏格兰人勾结的确凿证据并对他提出弹劾，上议院就接受了皮姆的建议。不到一个小时，斯特拉福德这位权倾一时的大臣变成了犯人，跪在被告席上听候发落，侍卫收去他的佩剑将他逮捕，他的声望和权威在瞬间倾塌。国会会议最终也没有讨论出任何结果，只能草草了事。

1642年，英国的政治舞台上愤然形成了两个党派：一个是教徒们剪着短发、衣着朴素的清教派，他们反对国王，支持国会，称为"国颅党"；另一个派别则是戴着飘逸的卷发，打扮成骑士的贵族，坚决拥护王权，反对进行改革，称为"骑士党"。

自从上一次国会会议结束后，国王更加痛恨和仇视下议院中激进的狂热分子，"骑士党"成员自然也同国王一样。在"骑士党"分子中，有一个名字叫作迪格比的勋爵尤为胆大，他怂恿国王，利用现在下议院不稳的时机，除掉那些党派的头目。查理一世听信了迪格比勋爵的话，表面上向议会保证保护议员们的人身安全，而暗地里则准备对议会的议员们痛下杀手。

幸运的是，克伦威尔并未被列入重点打击的范围之内，因为查理一世当时还没有认识到克伦威尔的重要性。

此时的查理一世已经不再统理国事，他只是专心于攻击和打击与他作对的那些议员。

面对国王以及保王党的变化及来自他们的冲击，一部分人恐慌起来，但克伦威尔始终保持着冷静的头脑。他清醒地认识到革命的重要性，更能明白革命的必要。

国王和议会都知道，纸和笔无法战胜对方，唯有战争能解决问题。

第四章　铁血生涯

1. 扩充军队

　　历史的车轮轻轻地碾过。政治舞台上，演绎出一场又一场精彩的剧目。到了这一场，该是我们的英雄克伦威尔上场的时候了。

　　幸运的克伦威尔同倒霉的查理国王在这几年中打了许多仗，结果是查理国王一次次惨败，如此一来也就成就了克伦威尔的威名。毫无疑问，这是历史的选择。革命的狂潮把克伦威尔推向浪尖，使他踏上了人类历史上最伟大的一级台阶。

　　四十三岁的克伦威尔原本以为自己将把一生奉献给农场，但是在此后的二十年里，他将要经历的是他完全想象不到的人生，并最终走到了权力的巅峰。

　　1642年8月22日，位于特兰河谷的古老的诺丁汉镇挤满了来自城堡、周围乡村的几千名看热闹的群众，他们好奇地等待着，这里将要举行的王室军旗的升旗仪式。

　　升旗仪式开始，查理国王盯着在夕阳余晖中升起的战旗，心中默默祈祷好运气快些来到。

　　突然，一阵马蹄声传来。信使来报，王军将领戈林所在的要塞朴次第斯在国会军重重包围和强攻之下已经失守。这个消息不禁让查理倒吸了一口凉气。此战过后，另一场更大的战役即将开始。

1643年1月22日，埃塞克斯的先头部队在牛津郡班伯里附近的埃吉山与王军展开了争斗，双方战事激烈。就这样，两军的第一次大会战拉开了序幕。

历史的浪潮在翻滚着，不过此时的克伦威尔还不是风口浪尖上的人物，他还只是个小小的骑兵上尉，他还掌控不了整个会战的结局。但是他依然全心地投入到自己军人的职责中，英勇地战斗，为了他心中永不改变的尊严与荣耀。

在战斗中，克伦威尔一直都是一个勤奋好学、乐于思考的人，他不仅仅是在战场上冲锋陷阵，还积极地在战争中汲取营养。埃吉山战役，对克伦威尔来说，是一次真正的军事课教育，同其他的议会军中的战友相比，他在战场中所领悟的东西最多。这也是他能够在后来拥有卓越的军事才能并脱颖而出的重要原因。

在这次战役中，身为骑兵中尉的克伦威尔有着远远超出中尉的眼光，他看到，如果没有强大的骑兵，就永远不能战胜国王。但是目前的议会军，缺乏训练，纪律松散、有时不服从指挥，与只管掳掠抢劫的盗匪一样纪律散漫，根本就不像军队的样子，这样的军队若想赢得战争岂不是笑话？

克伦威尔强烈地意识到，议会必须要有一支强有力的军队，这样的军队并不能由那些普通的只为赚取军饷的士兵组成，而应该由深信其事业的正义性而为之献身的人组成，这一点对于议会赢得胜利非常重要。

如此肯定自己的想法，克伦威尔自有他的理由。他认为，这样一支军队，他们的热情和坚定性应得到高度发挥，超过敌人，从而一举歼灭敌人，取得最后决定性的胜利。这样的思路也为他今后的军事指挥思想奠定了基础。

对此，克伦威尔对他的表兄汉普登说出了自己的想法："我们的军队大多是一些老朽的兵痞和酒鬼，而敌人的部队却大部分由绅士和知名人士的子弟组成。你认为兵痞和酒鬼能同那些年轻力壮、士气高涨的人角力吗？我们应该招募具有绅士风度克己精神的人，否则，我们会被击溃的。""想同如此顽固的敌人战斗，我们必须具有一批信念坚定、笃信宗教的人，我知道到哪里去寻找这样的勇士。"

克伦威尔所说的是事实，汉普登也非常清楚并认同，不过，就实际的可行性而言，他心底还是怀疑克伦威尔关于组建新军的想法。在当时，他觉得克伦威尔的想法似乎过于大胆，但后来的事实证明，汉普登的疑虑完全是多余的。克伦威尔所走的确实是一条满是光明的道路。

议会军形势紧迫，因为国王查理的军队一天天地逼近，到了科恩布鲁克，离伦敦只有十五英里。在此期间，议会命令埃塞克斯停止进攻，派彼得·基利格鲁爵士前去谈判停战条件，但当基利格鲁爵士到了布伦特福，却看见双方又开始了新一轮的争斗。

后来，查理国王改变了战争的策略，开始使用花招了。一边假装议和，一边加速前进，出其不意地攻击驻扎在布伦特福的霍利斯的队伍，希望将其一举歼灭，然后突然进入伦敦。这样的计策对国王查理非常有利，对于伦敦人民来说，可不是一件好事。

眼看着国王就要打进城了，伦敦城内一片恐慌，随之谣言四起，人们坐卧不安，愤慨而恼怒，大骂国王。但是，再多的愤怒也是无用的，人民的声音对国王已经起不到任何作用了，因为此时查理的心中只有他的胜利，不会关心任何其他的事。

面对王军的逼近，伦敦形势日渐紧急，议会抓住了这次机会，适时地利用人们惶恐而愤怒的情绪，广招士兵扩充军队，效果的确不错，军队一时达两万四千人。议会还召开了军事会议，共商对付国王的策略。他们誓要消灭这个暴君。名义上当然是为了万千人民，而实际上却是属于国王和议会的斗争。人民，在当时，不过是被利用的可怜人。

在如此局势之下，面对国王的欺凌，人们不得不倾向于议会。也正是在这样一个时期，对国王不满的呼声越来越高，人民渴望胜利的心情空前迫切，这对于一直跃跃欲试的克伦威尔等人来说，无疑是一个大好机会，他最看不惯查理那不可一世的样子，他也更痛恨王军。

积极的应战，这样的战略并不是所有人都赞同的。一些老军官们对此表示反对，而埃塞克斯本人也坚决不肯凭借群众的热情去冒险打仗。因此，他们给克伦威尔等人的积极进攻造成了很大的阻碍。他们命令已经前进的军队立刻回来，在四面八方采取守势。这让克伦威尔十分恼火。不过，议会军的防守却使查理高兴了起来。

国王查理本来很怕被攻，因为已无军火，见伦敦方面按兵不动，便也退回牛津。

在一系列的交锋之后，军队的种种弊端就显现了出来，同时克伦威尔也摸清了王军的底子，这一切都使他强烈地意识到建立一支正规军的必要性。这一次，他的信念极其坚定并痛下决心，无论这件事多么难，他都一定要去做。的确，克伦威尔并不是一个言论派，而更是一个训练有素的行动派，这也是军人的一贯风范。

1645年初，克伦威尔只身离开了伦敦，为了实现他对军队的愿景，为了建立一支真正优秀的军队，他前往英格兰东部各郡去征募他的队伍。另一边，国会仍在为如何规劝国王议和而争吵不休。这一切都已经被克伦威尔抛之脑后，让他们去吵好了，等到他带着军队回来，一定会让这些喋喋不休的家伙们闭上嘴。

克伦威尔到达东部各郡之后，便着手招募爱国青年加入他的军队之中，当地的人们当然都记得亨廷顿的出色骑手，并且非常信服克伦威尔的能力，很多人都揣测克伦威尔会有大发展。他招募的军人中大部分是他认识的，而他们也认识克伦威尔。

这一次征兵，士兵大多来自耕农和中小乡绅的子弟，他们家庭小康，所以也就不太在乎金钱。这也正是克伦威尔最初想要的，就这样，他坚决地排除那些为了军饷而应征入伍的人。还有一点值得一提的是，他招募来的士兵都奉教如狂，且毅力惊人。这些人忠于国会和宗教。

在克伦威尔的认知里，他认为这些人是真正出于良心驱使才去打仗的，这些人来投奔他是因为信任他，建立在这样的信任基础之上，这支军队也便拥有一种超乎于普通军队的凝聚力。

克伦威尔曾对他的士兵这样说："实不相瞒，我并不要你们相信我是奉命统帅你们去为国王为议会而打仗的，假如国王现在在我面前，我就会开枪打死他，如同他打死其他人一样，倘若你们觉得于心不忍，那你们就另投别处去吧！"

克伦威尔天生具有一种领袖的魅力。他总是能让众人在感到佩服的同时，又接受他的指挥。大多数人听了这句话后，毫不迟疑地报名入伍。

士兵生活远比在家庭中时辛苦得多。他们立时就被禁止享受家庭的安逸，禁止染上军人的放纵习气，并经历脱胎换骨的训练。他们服从最严格的纪律，他们的马匹与武器收拾得干干净净。他们往往得露宿街头，刚刚训练过后又急忙赶去做礼拜，几乎没有多少休息时间，在各个方面都接近极限。克伦威尔是个很会鼓励士兵的将领，他坚持要求他们尽心竭力地当兵，巧妙地将宗教的狂热同军人恪守纪律的坚决性结合起来。

这支队伍经受住了磨炼，不断壮大，已经形成了一定的规模。克伦威尔为他的军队感到骄傲和自豪，他深深地感受到自己的价值只有在军队之中才能得到真正的实现。在给他的另一个表亲下议员圣约翰写信时，克伦威尔说："我的队伍在壮大着，我有批可爱的人，如果你认识他们，你会尊敬他们的，他们是忠诚严肃的基督徒。"由此我们足以得见，他对这支自己亲手建立的军队充满了感情。

俗话说：养兵千日，用兵一时。那么，再好的军队只有真正参与战斗，才算是经受住考验的好队伍。所以，这样一支军队，在等待一个机会，华丽地展示它巨大的能量。

克伦威尔正在东部厉兵秣马的时候，伦敦出了几件大事，让他不得不转移注意力，关注到那些问题上去。

第一个事件是关于复辟的，处理该事件的主要人物名叫约翰波姆，他是《大抗议书》的起草者、议会下院领袖。他是一位改革者，要求限制王权，希望依靠温和的手段制约国王。禁食当日，有人交给他一封信。他立刻站了起来，同他前后左右的人很兴奋地悄悄耳语之后，不待礼拜结束，就匆匆走出去了。众人猜测，一定是有什么大事发生了，大家都在等待着答案揭晓。

礼拜过后，这个消息才公布出来。这则消息牵连甚广，影响重大，这是一次复辟的阴谋。有几个贵族、几个下议员还有一大批市民都牵连在内。他们正在策划武装保王党，夺取伦敦塔，抢夺军火库及重要的军事据点，还要拘捕两院的领袖们，然后将国王的军队迎回伦敦。

执行这一行动的日期就是1645年5月31日，不过行动尚未开始，其中九个头目已经被捕。这次复辟行动也就失败了。

被传讯的共有七个人，定了五个人的罪，只有查洛纳和汤姆金斯两人被判死刑。倔强的查洛纳一面走上刑台一面说："我曾经祷告上帝，如果上帝认为我们的策划是不光明的，那么就让世人知道吧。上帝已经听见了我的话！"

汤姆金斯则更为坦荡："这个阴谋被人发现，我倒觉得高兴，因为它很可能产生不良的后果。"但还有一名重案犯沃勒，由于他的亲戚们，这其中就有克伦威尔，从中斡旋，又顾念他坦白交代，也就免去了死罪。

复辟阴谋被拆穿，免除了一场大祸。然而政治空气依旧十分紧张，随时等待着一些大事发生，来丰富这样一段色彩瑰丽的历史。

1645年6月19日，又有一件意外的事情发生。离牛津十多英里发生了一场战斗，议会军从一个俘虏的口中得知这样一则消息：鲁伯特亲王打败了另一部分议会军，汉普登在混战中受了伤。

这则新闻在牛津炸开了锅。人们几乎不能相信汉普登出了意外，然而，几天以后汉普登的死被证实了。伦敦及全国的人们听到这一消息后，表现出最沉痛的哀悼，从来没有人能像他那样博得整个英国人的信任。

汉普登的死，给克伦威尔带来不小的打击，消息传到克伦威尔那里后，人们第一次看到这位以坚毅果敢见长的军人转过身去擦眼泪，因为汉普登不仅是他的表亲，更是他出生入死的战友，克伦威尔很少和人有太多的感情，而汉普登却是他可以推心置腹的朋友。

克伦威尔虽说是个铁血将军，却也是个重感情、重情义的人。汉普登之死令他十分痛心。但是，在这个纷乱的时代，眼泪是最无用的东西，哭喊和咒骂只能增加敌人的快意。这是克伦威尔所不能容忍的。于是，他把悲痛深深压在心底，等待着报仇的那一天，他要给敌人最沉重的打击。

汉普登之死也给议会带来了很大震动，埃塞克斯无心恋战，彻底放弃了向牛津进攻的尝试。士兵情绪低落，人心惶惶，局面十分混乱。负面情绪像传染病一般迅速蔓延，于是各种猜测四起，军心已乱，呈现出一副即将溃败的面貌。

2. "废话少说"

几次战役过后，议会军一败涂地，军营中死气沉沉，另一面，查理夫妇可谓春风得意，他们甚至开始做胜利后的打算了。

一方欢笑，定会有另一方哭泣。战场上也是同样如此，在西部包围王党的倒霉的沃勒将军的议会军被埃塞克斯舍弃，得不到支援，遭到毁灭性打击，沃勒侥幸逃回。

埃塞克斯回到伦敦后，意外地得到了议会很高的评价。众人本以为埃塞克斯将要飞黄腾达，他却向大会辞职，想要到大陆去隐居。几经波折后，埃塞克斯携家眷离开英伦，远走大陆国家，由此，议会出现了暂时的平静。但这种平静却不同寻常，好似暴风雨前的宁静，似乎在等待一个人，或者一件大事发生。

议会内部平静，可是议会军的情况却不怎么乐观，在战场上，议会军节节败退，损失惨重。议会军在西、南、北三个方向溃退的时候，只有东部军队屡次战胜王军，这支军队正是由克伦威尔所统领的"东部联盟军"。东部联盟成立于1642年底，由诺福克、谢福克、埃塞克斯、剑桥及赫特福德五个郡组成，它的主要任务就是统一各郡的一切资源同国王相抗衡，推倒这个昏庸的国君。

克伦威尔奔波于联盟各地，镇压了洛继斯托福特的王党叛乱，解除了林恩骑士党的武装，制止了酝酿中的亨廷顿王党的阴谋，俘虏了克罗威林德的敌方驻军。

此时，克伦威尔已经成了这支军队的灵魂，他的行军迅如闪电，行动坚决果断，并且能够抓住敌军的弱点，总是能够给敌人出其不意的沉重打击。

更令人振奋的是，1643年夏，这些郡不仅成了议会的基本地区，而且成了进攻王军的主要军队。因此，"东部联盟"的活动引起了议会的关注。这个联盟直到战争结束都一直站在议会一边毫不动摇。这的确是一个不可战胜的联盟，它拥有让人震慑的力量，也正是这个联盟使王军在东部无所作为、连连失利。

克伦威尔犹如战神一般，让敌人闻风丧胆，他的果断和热情鼓舞了军队的士气。同时，他相当理智，并不会被胜利冲昏头脑，一系列胜利之后他并没有松懈下来，而是乘胜追击，不断唤起士兵的积极性，向他们预告危险，四处动员拥护议会的力量。

当"东部联盟"面临王军进攻的直接威胁时，议会决定建立一支一万人的军队来保卫"东部联盟"。而在此时，克伦威尔提议，任命曼彻斯特伯爵为这支军队的总司令，而克伦威尔本人则统帅全部骑兵。

克伦威尔是一个正直而且恪守规则的人，他蔑视那些整日滔滔不绝的争吵、置国家安危于不顾的官员。他在给剑桥郡委员会寻求资助的信中，言简意赅地表示："废话少说，赶快把你们所能送的东西送来吧！除了我为数不多的骑兵外，什么也无法阻挡敌人的推进，你们应该迅速行动，而不要玩弄什么花招了！"

克伦威尔时时刻刻向人们展示着一个铁骨铮铮的军人形象，"铁将军"果然不负威名。

战场上，随时都会有突发状况。一次战役中，赫尔的费尔克斯父子被王军团团围住，其他军队纷纷退缩，军官们面面相觑，没有人敢挺身上前。

危急时刻，只有克伦威尔这一支军队表示愿意前往。于是，这位英军的将士临危受命，孤军深入到林肯郡，一路上不敢有半分懈怠，他心中的使命完全克服了疲乏，他的眼睛里已经盛满了对胜利的渴望。这位铁将军将大展拳脚，施展他卓越的军事才能。

这一次战役，是克伦威尔第一次大规模的独立作战，对他来说，意义非凡。他的英勇让每一名士兵都非常敬佩，他身先士卒，冲在队伍的前列嘶喊搏杀，他的战马在战斗中被打死，并把他压在身下，而这对于铁将军来说也并不算什么。他爬起来，又摔倒，但终于艰难地爬了起来，跨上一匹没人骑的战马，以一个英雄的身姿继续指挥作战。

这是一次被所有人都看成是必死无疑的战事，克伦威尔却凭借着他的骁勇和高超的战术完成了一个看似不可能完成的任务。他的"农民骑兵"在这次战斗中获得了辉煌的胜利。林肯郡的国王势力被消灭了，费尔克斯父子终于得以和议会军会合。

经此一役，克伦威尔的军队得到了锻炼，士兵们所表现出的勇气和克伦威尔的勇猛，使人们都把目光投向这个不甚有名气的骑兵上尉。伦敦越来越多的人知道克伦威尔的名字，人们都纷纷为他竖起了大拇指，一个英勇的形象已经初步形成了。

3. 安息吧，皮姆

政治问题，说到底，都是利益之争。议会是一个复杂的政治集合体，其中包含了各种大大小小的利益团体。当面临外敌的时候，议会是一个整体，而议会本身却又是个矛盾的共同体。自然，这样的利益纷争早已经被克伦威尔看透了。

议会中较为保守的势力一直推行苏格兰的教会制度，即每一个宗教团体的首脑都应是传教士或年长者，称为长老，由他们组成管理机构，负责中央和地方的教会及国家的管理工作。因此，这部分人被称为"长老派"。

在"长老派"之外则有另一股势力存在，他们被称为独立派。这些人是伦敦市内及各郡新兴起的资产阶级和中小绅士及部分新贵族，他们主张各教会团体应完全独立，不依赖于任何强制权力，反对整齐划一强加于人的教规，认为重要的不是教会外部的统一，而是内部，主要是人们精神上的共同性。提倡对本教内部不同派别持宽容态度。此二者斗争的焦点就是改革后的国家和宗教体制的确立形式及原则。

长老派在议会及教务管理中根深蒂固，而独立派则成分复杂，为了共同的自由和信仰他们紧密地联合在一起，形成了一股能够与长老派相抗衡的力量，如此一来，两个派别便开始了漫长而激烈的斗争。

独立派在悄无声息地兴起并蓬勃发展，这一股后起力量自然有其弱点，他们在英国土地上根基浅薄，在人数上也逊于长老派。尽管如此，也没能阻碍他们蓬勃的发展。他们在任何时候都不会隐瞒自己的主张，并能够勇敢地承担一切后果。而长老派经不起这样的考验，因为他们的智慧是建立在传统和法律的权威之上，而现在正是一切基础动摇的时刻。独立派发出的强有力的号召，无论听者懂与不懂，它都以最崇高的希望在人们心中唤起了高涨的热情。他们提出的是一种理想的社会原则，这些原则使人们看到了一个光辉美好的未来，而深受人们的推崇，更是激发起人们心底自由与平等的渴望。

于是，两派长期纷争不断，事端频发。就在议会中长老派与独立派明争暗斗进行得异常激烈的时候，一个令人痛心的消息传来：皮姆死了。

在议会中，皮姆享有很高的威望，试图调和各派系的矛盾，但终因耗尽心血而一病不起，最后带着遗憾离开了他战斗过的地方。这样一来，下议员们丧失了一个最老的、却最有用的领袖，他们无不感到痛心，又有些措手不及，他们不知道没有了这样一个领袖，今后的革命会不会更加艰难。

不得不说，皮姆是一个厉害人物，他很善于鼓动起人民的义愤，善于稳定朋友的决心。他是长老派畏惧的人物。被别人视为畏途而躲避的任务，他却慨然担当。在国家最危急的时刻，皮姆可谓使议会重新获得生命的功臣，在这一点上，他比汉普登更为出色。虽然皮姆晚年之时，在改革上略有迟疑，但他始终是一个光辉的领袖，因为他让更多的人看到了光明的未来。

皮姆的遗体停放了几天，成群结队的人前来瞻仰。人们对他的敬仰已经达到了一个他人难以企及的高度。

对于皮姆的去世，克伦威尔非常痛心，他带头表达了自己对皮姆深切的悼念和崇敬，并在心中将他作为自己的楷模。

"国会之王"就此安息，在人类走向民主和文明的进程中，他永远留下了光辉而闪耀的一笔。

4. 独立派领袖

皮姆去世之后，查理又有了新的敌人——克伦威尔。

也正是这个新敌人，将会把查理送下地狱。

克伦威尔究竟代表着哪一个阶级？

无产阶级？议会？资产阶级？

事实上，对于克伦威尔来说，这些都不是最准确的答案，军事强人眼中没有规则，对他们来说实力才是规则。

皮姆死后，克伦威尔成了独立派公认的领袖，于是他便开始挥起手中的权杖，进行大刀阔斧的改革。

克伦威尔十分尊重各教派的信仰，他的军队是各种教派成员的集中营，在一位议会派的将军借口一名军官是异派分子而解除其职务时，克伦威尔写信对他说："就算他真是个异派分子，难道这就使他不宜为共同事业服务吗？阁下，国家选拔公职人员时，并不在乎他们的宗教信仰，只要他愿意为国效劳就行了。"

克伦威尔反对一切形式的宗教强制，把争取信仰自由的斗争同反对国王的战争计划融为一体，并不断在自耕农、手工业者、小商人中扩大自己的影响，吸引这些群众来和国王斗争。这是他惯用的做法也充分体现出了他军人的气魄。

相比之下，长老派清楚地知道自由解释神意对他们所造成的危险。因此他们改革的不彻底性，决定了他们在关键时刻总是努力拖延战争、寄希望于迫使国王做一些让步，接受议会的条件。在这样的对比之下，长老派就相形见绌了。

因此，在同国王的较量中，议会军不能充分利用自己拥有的优势，连连战败。1643年底，几乎整个北部和西部都落入了国王手中。议会的统治实际上只局限在"东部联盟"境内，确切地说是在克伦威尔的军事范围之内，整个"东部联盟"相当于被克伦威尔一个人所掌控。

1644年上半年的战事中，议会军开始转移。1月，议会军将领费尔法克斯击溃了从英国北部登陆前来援助查理的爱尔兰军队。

3月，沃勒截断了企图入侵南方各郡的两路王党军队的道路。在埃塞克斯和沃勒联军的逼迫下，国王只得亲率六千人，带着身怀七个月身孕的王后逃出牛津。而在东部，曼彻斯特勋爵拿下了林肯城，并开始围攻约克。国王派鲁伯特救援该城。鲁伯特出现在驻扎于马斯顿荒原的议会军面前，王军同议会军的第一次大会战在此展开。

马斯顿荒原位于约克城西七英里处，7月2日上午，鲁伯特率领部队以飞快的速度占领了整个草原。这可使西去的议会军受了惊，得知消息后，议会军便立刻掉头回转。在下午两点左右，他们集结到沟南的一座小山冈上，窥视整个草原上王军的动向。

"我看今天他们是不会进攻了。"鲁伯特亲王对纽卡斯尔说。纽卡斯尔望了望议会军的方向并没有发现动静，于是回身到他的马车中去，唤随从装满了烟斗，开始放松地抽起香烟。

鲁伯特也是饥肠辘辘，嘱咐侍者预备晚饭并下令让士兵们准备用膳。

夏天的黄昏，夜幕迟来，雨终于停了，暮色茫茫，整个草原静悄悄的。

傍晚7点钟，激烈的战斗开始。议会军人马好像黑潮涌动、杀声震天，勇猛地扑向王军。克伦威尔的勇士们最先冲出去，策马下山，越过深沟，冲进王军的右翼骑兵阵地。一时间战马奔驰，刀光闪闪，在夕阳的余晖中绚烂无比，很快就把王军的第一道防线摧垮了。但议会军遇到了王军骑兵第二道防线的拼死阻击。

战事非常紧张，克伦威尔仍旧率队冲锋在前，不幸受了重伤，部队也受阻不能前进。危急时刻，雷士里带着苏格兰骑兵直扑鲁伯特的侧翼，把王军打得落花流水。鲁伯特亲王在雷士里骑兵的追杀下，向约克城方向落荒而逃，总算保住了性命。

战斗已经进行了一个半小时，议会军左翼的胜利只是局部的，因为中路和右路都遭到了沉重打击。

右翼托马斯、费尔克斯爵士统帅的议会骑兵，也进行了殊死搏斗。他们穿插到戈林所率的王军骑兵的背后，短兵相接，但他的队伍被击溃，他本人身受重伤，逃回阵地。而议会军的步兵被纽卡斯尔的"白衫队"逼得步步后退，直退到山冈。

5. 危急时刻

会战开始以后，议会军虽然取得了局部优势，总体却被压制着。

胜败系于一发的时刻，克伦威尔临危不乱，他的头脑中很快想出了对策。首先他稳住了不知所措的士兵，掌控好大局。与此同时，他派兵追赶鲁伯特亲王，一面就地整顿队伍，插入戈林的背后，由北向南发起进攻。

戈林看到克伦威尔的这一调遣慌了神，马上改变了原来的计划，停止了对老费尔克斯的追击，匆忙下令士兵反身应战。但是，这一切已经太迟了，在克伦威尔骑兵的猛烈冲击下，王军大败。

克伦威尔审时度势，并没有穷追败兵，而是集中全力冲向纽卡斯尔的步兵。在议会军步兵的配合下，他解决了纽卡斯尔这个顽固的家伙，将胜利收入囊中。

午夜，议会军安歇了下来，克伦威尔走出军帐，他轻呼了一口气，原野上万籁俱寂，银辉满地，仿佛什么也没有发生过一样。但是，克伦威尔深深地明白，能看到如此美景，全是因为赢得了战争，这对于克伦威尔这个军人来说，无疑是一种幸福。他心中也升腾出一些茫然，未来，他是否还能如今日一般体会胜利的快意？

鲁伯特和纽卡斯尔半夜都逃到了约克城里，但他们未见面，也未交谈，只互相派人送信，鲁伯特在信中说："我已经决定明早带着我的马队和剩下的步兵回去了。"纽卡斯尔便命人回答："我到海边去，那里有前往大陆的船。"第二天，纽卡斯尔真的在斯卡巴勒登船而去，而鲁伯特亲王则带着残部前往切斯特。两个星期后的7月1日，约克投降。

在马斯顿荒原之战中，是克伦威尔的才略决定了胜利，此次胜利具有重大的意义，成功地摧毁了查理国王在北方的据点，扭转了议会军连遭失利的局面，成为英国内战的一个转折点，与此同时，这也成了克伦威尔一生事业的转折点。他的军事才华在这次战争中发挥得淋漓尽致，让每个人都叹服，人们给予克伦威尔相当高的评价。

雷士里在评价克伦威尔的作战时说："欧洲的军队指挥艺术中从来没有出现过任何类似的事情。"

不仅仅如此，就连克伦威尔的敌人——被击败的鲁伯特亲王也心服口服，称克伦威尔为"铁骑"，而克伦威尔的骑兵也以"铁骑兵"而闻名全国，他的势力日渐强大。

从战绩上来看，克伦威尔这一方的胜利被议会军的节节挫败抵消得干干净净。不过，胜利的气势还是给了议会军很大的鼓舞。后来，埃塞克斯在同查理的军队作战中，一路向西挺进，在三个星期之内解了莱姆之围，攻下韦茅斯、巴恩斯特普尔等地。当他挺进到埃克塞特的时候，得到消息说国王打败了沃勒，正率军向他攻来。

埃塞克斯一面派人去伦敦求援，一面继续向埃克塞特挺进。但是，那里是国王的地盘，他很难形成较大的声势和影响力，当地的人民并不十分欢迎他的到来。更加糟糕的是军粮已行将告竭，很难维持下去。危险正在一步步逼近。

形势十分危急，百般无奈之下埃塞克斯再度写信给伦敦，向伦敦议会叙述了他所处的极其危险的形势，他认为只有其他人攻打国王的后路，然后两面夹击，自己才可能脱险，请议会立刻援助他。虽然以败兵的姿态求助是相当糟糕，但是，埃塞克斯不得不这样做，因为在目前，这是他唯一能做的了。

一方寄予了无限的希望，而另一方却并未见得能够雪中送炭。埃塞克斯的一封信引起了不小的喧闹，在伦敦的委员们立刻召集开会，仿佛是满腔热血地要救他，号召人民为他祈祷，又命沃勒、米德尔顿和曼彻斯特前往救埃塞克斯。议会当真是把架势做足了。

现在轮到议会这些人来表示极端的热情了，沃勒写信说："只要给我钱，给我人，上帝可以作证，如果我不能更快地前进那绝不是我的过错；但愿恶名与鲜血，溅在前进的路上设置障碍的人头上。若是找不到钱，那么没钱我也前进。"

这是多么感人的肺腑之言，但是，这般饱满的感情却仅仅停留在了语言上，他完全没有半点儿要前去营救的意思。

米德尔顿也说一样的话，而和他不同的是，他挥师前进了，但遇到第一个障碍就停在那里停滞不前了。至于曼彻斯特则根本不曾分兵救援。

形势十分紧急，急坏了克伦威尔，他恨不得自己能够有一双翅膀，立刻飞到那里去，但曼彻斯特仍不愿在战场上与王军正面交锋，拒绝出兵。

可怜了埃塞克斯还在殷切地祈祷援助，可是他万万没有想到远在伦敦的议员和军队会对他如此薄情。几天之后，伦敦仍然没有动静，支援与否，都没有给他一个明确的答复。军人的敏感使他很快就发现了他已经陷入了极其危险的境地，他必须每天打仗，越打越深入危境，士兵们已经厌战了，并且这种情绪越来越浓，队伍中酝酿着许多阴谋。

国王引兵围住他，在四面八方筑起了垒台，时时刻刻伺机准备吞了埃塞克斯。一方形势紧逼，一方势力渐弱，埃塞克斯的马队已经没有多少地方可以取得粮草了，他同海上也几乎断绝了自由交通，也就相当于断了给养。

一切动向都昭示着埃塞克斯的失败，到了8月底，他的军队彻彻底底被围困，保王党已能在附近的高地上俯瞰他军中的全部行动。形势刻不容缓，他只好命威廉·鲍尔升爵士所统领的骑兵，尽一切可能突围而出，自己则统领步兵向福韦海口前进。

骑兵利用多雾黑夜，从两营王军的空隙间穿过，步兵在狭窄泥泞的路上艰难行进。国王的军队发现情况不妙，追赶而来。为了加快速度，步兵只好一边走一边扔下大炮和行李，然而，这无异于饮鸩止渴。

此时，许多人都表示要投降，埃塞克斯也灰心了，他迷惘而绝望。他急于避免失败的奇耻大辱，又不忍心看着部下被敌人的骑兵活活冲杀而死。于是，他便没同任何人商量，只带着两个军官，突然离营而去，到海边登舟驶向普利茅斯港。

9月1日，埃塞克斯的军队投降，议会军的士兵们受到国王骑兵的监护，没有将军，没有武器。不久之前，他们还是这里的征服者，失败让他们颓丧不已。

埃塞克斯深知自己兵败的后果，这样的战况是绝不可加以隐瞒的，因此他一心想回来接受审判。他甚至已经看到了自己不久后的悲哀命运，于是在普利茅斯登岸后，他写信把败绩报告给议会："我们所受的最大打击，莫过于这一次了！"信件发出之后，他便等待议会的裁决，做好了赴死的准备。

出乎埃塞克斯意料的事情发生了，议会在给他的信中写道："两院完全了解这次偶然事件的不幸，也认识到天意既然如此，只好忍受，所以他们还是一样地敬爱你……"

这些话，虽然听着还算顺耳，可是埃塞克斯已经被他自己的不幸和过失弄得很狼狈了，他在议会中的对手已不再当他是个危险人物，他们深知埃塞克斯不久就会卸任。因此，议会为了显示他们的风度依然体面地对他。这样一来，大家也就都一言不发，议会全体都庄重地忍受了这次大败。

虽然态度如此，但是所有人都知道，事情并没有结束。这样的仇，议会一定要报。处罚埃塞克斯并不会让他们好受，只有打败王军，才能洗刷埃塞克斯给议会所带来的失败和耻辱。

10月27日，议会军同王军在纽伯里开战，埃塞克斯不在军中，这一仗由曼彻斯特勋爵指挥。仗打了很久，当沃勒和克伦威尔从两翼痛击敌人、使王军陷入困境时，负责中路出击、擒拿国王的曼彻斯特却仍观望徘徊，按兵不动。直到太阳下山后，他才在暮色中摸索前进，去"追赶"国王。由于曼彻斯特的失职怯懦，国王毫不费力地撤离战场，逃到牛津。

两周后，国王重整旗鼓，再度出现在纽伯里，这次曼彻斯特竟公然拒绝协同打击王军，国王又一次从容地返回牛津。

第五章　处处战场

1. 建立"王牌军"

曼彻斯特的拒绝让克伦威尔异常气愤，克伦威尔严正指责他：让国王不受打击而逃跑，将使国王在国内的地位得到加强，只有乘胜追击加紧进攻，将其击溃，才是上策。

而曼彻斯特却说："即使我们击败国王九十九次，他仍然是国王，我们仍然是臣民。但是，如果他打败我们，哪怕只是一次，我们就都要被绞死，我们的后代也将完蛋。"

听到这样的话，克伦威尔非常气愤，他拍案而起："阁下，果真是如此，那我们何必要起兵呢？你这无异是在说我们从一开始就不应该打仗，如果这样，让我们同国王讲和吧，即使这是从未有过的卑鄙的和平！"

克伦威尔与曼彻斯特的对抗愈发激烈，并把矛盾带到1644年11月在道宁顿城堡附近召开的议会军军事会议上。会议上，双方各执一词，互不相让。

国会中的长老派从表现上来看，更加倾向于同情曼彻斯特，不过这些人完全是为了自己的利益着想，因为曼彻斯特的思想代表着绝大多数长老派成员的思想，他们希望和国王妥协。

不过，这是一种自相矛盾的政策，它全然不会起到任何积极的作用，只能是无限期地拖延战争，导致整个议会和革命事业的毁灭。

受独立派支持的克伦威尔清醒地认识到了这一点，因此，他毅然离开军队，回到了伦敦。克伦威尔针对他所认识到的这一问题向国会做了报告。他尖锐地批评了曼彻斯特的错误，并称他为"导致议会军失败的罪人"。

克伦威尔的言语如此激烈，曼彻斯特当然不会坐视不管，他毫不示弱地倒打一耙，向国会报告，攻击克伦威尔不服从命令，胡搞叛乱。他指控克伦威尔反对贵族，指控的依据竟然是他曾听见克伦威尔说过这样的话："我希望活到英国不再有贵族的那一天。"于是，他便死死地抓住了这一点。

克伦威尔相当清楚曼彻斯特的无理抵赖，他需要做的就是强有力的反击。他运用了巧妙的政治手腕，解决了一个涉及议会军生死存亡的大问题。虽然从表面上来看，这是两个人的针锋相对，但是，从本质上来看，绝非仅仅是个人的争斗，而是对国王的政治态度的原则性分歧，它涉及的利益方很多，包括如何解决议会军的军事体制、将领的职称、军事上集中的指挥权等决定革命命运的一系列重大问题。

1月9日，克伦威尔在演说中放弃了对曼彻斯特的控诉，改变了话锋指向，他说："现在是说话或者永远保持缄默的时候了，最重要的问题在于拯救国家，把国家从这场连绵不断的战争所导致的流血或者说是奄奄一息的状态中拯救出来。因此，不进行一场迅速的、有力的和卓有成效的行动，我们将遭到全国的厌弃，人们将痛恨国会这个名字……我确认，如果不把军队置于另一种格局之中，不更加坚决地进行战争，那么人们将不会再忍耐了，他们将迫使你们接受可耻的和约。"

1644年7月，克伦威尔率领议会军重挫王军，他在军队中声望日隆，克伦威尔的军威得到了所有人的认可。

在战争的磨砺下，克伦威尔日益感受到了军队中存在的问题，这是议会军在与王军对抗中的弱势。

1644年12月，克伦威尔提出改组军队的建议，再加上独立派等人的强烈要求，国会决定改组军队，克伦威尔感到相当欣慰。紧接着，12月19日，下议院提出并通过"自抑法案"，规定国会议员不得担任军职。于是，埃塞克斯、曼彻斯特等一批长老派的高级将领离开了军队。这也肃清了军队中一些派别纷争的因素。

军队改组是进步的象征，但这仅仅是个开始。更大的整合改组工作还在后面，次年1月，议会又通过了《新模范军法案》，该法案决定建立一支由国会拨款、骑兵占三分之一的两万两千人的新军，由国家确立固定的预算，以维持新军的开销；建立统一的指挥，统一纪律条令。任命托马斯·费尔法克斯为总司令，统一指挥全军。

《新模范军法案》对于克伦威尔的意义十分重大，因为新模范军是以克伦威尔的"铁骑军"为模式，以原"东部联盟"为中坚力量建立起来的。这更是代表了议会对克伦威尔军事才能的肯定，也初步确立了克伦威尔的地位。

改组之后的军队面貌焕然一新，新军的装备和供应都要比以前的议会军好得多。新军官的选拔任人唯才，废弃了原有的等级观念——只有骑兵、贵族和出身高贵的人才能担任军官。提拔了一批出身低微但"有能耐、忠实可靠"的人。这样的提拔无疑开明而可靠，也正因为如此，克伦威尔得到了许多有才能的助手。如，普莱德上校过去是个马车夫，福克斯上校是个锅炉工，休逊上校过去是个鞋匠，而雷因斯波罗上校曾经"在海船上混过"。

从克伦威尔对人才的重用可以看出，他是个开明的将军，也正是因为他的重视，这些真正有才能的人才愿意帮助他去做一番恢宏的事业。

新军士兵入伍时，都要接受《庄严的同盟和圣约》并宣誓严格遵从，他们一律穿红色上装，每人都有一本《圣经》作为军人手册。士兵的薪金不高，但是他们对宗教的忠诚和对自由的渴求使他们团结一致，斗志昂扬。这样不难看出新模范军是一支什么样的军队了。它将所向披靡，战无不胜。

此时，克伦威尔已经成了这支军队的灵魂。就连费尔法克斯对克伦威尔也十分佩服。当新军向国王发起进攻的时候，费尔法克斯总司令就以自已和军事委员会的名义，请求因是议员而已经辞去军中职务的克伦威尔在军中兼职，最开始克伦威尔并不想答应，因为这并不合情理。

而费尔法克斯说，他在全军将士中受到普遍的敬重和爱戴，他的品德和才干，他的辛劳和勤奋、勇敢和热忱，再加上他福星高照——这一切都使我们请求任命你，这是我们对人民的责任。

在费尔法克斯的坚决要求下，克伦威尔才接受了委任。从此后，克伦威尔一身二任，在军队中代表国会，在国会中代表军队，以他为首的独立派掌握了军队的实权。

议会军在此之后也一改过去消极应对的路线，采取了积极进攻战略，取得了一个又一个辉煌的胜利。新军的建立，也成了内战中一个重要的转折点，也开启了内战的新篇章。

议会军如此勇猛，使王军措手不及。他们疑惑于国会军异军突起的勇猛，却不知道其中的缘由。

1645年4月，费尔法克斯主动出击，率部队进逼王军大本营牛津。6月12日，新军来到北安普顿郡境内距王军仅八英里的地方，国王大惊，却无力应战，撤至莱斯特，等待从威尔士和西方各郡赶来的援兵。一方死守和等待，而另一方积极地筹备作战。

克伦威尔率领新招募的士兵来到新军营中，有人大呼一声"铁骑将军来了"，营地上鼓角齐鸣，一片欢腾，大有王者风范。克伦威尔非常欣慰地看着众官兵，他内心有一个十分高亢的声音：这才像军队，一支真正能够同国王对决的军队。

克伦威尔的到来，增强了费尔法克斯同国王决一死战的决心。士兵们更是摩拳擦掌、斗志昂扬，等着和王军来一次痛快的较量。

2. 两军对垒

好戏即将上演，战事一触即发。两军相遇于北安普顿西北的纳斯比。

纳斯比在北安普顿西北部，是个古老的山庄，而新军的辎重和给养都在村里。村北一英里半的地方，有一座小山丘，是新军的前沿阵地。

一队新军士兵在丘山西北列阵，居中仍是费尔法克斯的步兵，纵深两道防线，前面是斯基庞的五个团，后面是雷因斯波洛、哈蒙德和普莱德的三个团；议会军的骑兵则分列两翼，克伦威尔居右，埃尔顿居左，同时还有一千名骑兵在左侧。议会军这边阵势已经排开。

王军的前沿阵地西南排列，兵力七千五百人，居中是稚各、阿斯特莱兵团，朗格得尔率领的约克郡骑兵与克伦威尔相向；鲁伯特和莫里斯亲王的骑兵则面对埃尔顿。王军的精锐后备，既有步兵，又有骑兵，还包括国王查理的御林军和鲁伯特亲王的卫队"蓝衣队"。

两军对垒，中间隔着一片不大的草地。当时正是初夏，久雨初晴，一切都显得生机盎然，将士们却无心欣赏这美景，他们眼中紧紧地盯住了敌人。

次日清晨，克伦威尔在对敌军做了研究之后，给出了新的建议，为诱使王军速战，军队重新调整部署，将前沿部队从山丘稍稍后撤。

8时左右，王军派出的侦察兵不曾看见议会军，他们十分纳闷地回去报信。鲁伯特亲王听到这样的回复便不耐烦了，原本在他的预想中，双方此时应该在战场上厮杀了，而现在，议会军没了动静，他便亲自去前哨察看，只带了几个营骑兵。他想看看，议会军到底耍的什么把戏。

9点刚过，亲王来到前沿高地，他发现新军正在改变队形，看到这样的场面，亲王心中大为快意，他做出了自以为是的判断，认为新军还是像过去的议会军那样徘徊不前。而这样好的时机若是不抓住岂不可惜？于是，他便命令王军迅速前进，向新军冲去，并打发人去告诉国王，以免敌军跑掉。

快到10点钟，国王的步兵骑兵赶到了。10点刚过，王军再也沉不住气了，便向议会军发起了全面冲击。

鲁伯特亲率骑兵冒着新军龙骑兵步枪的密集弹雨，闯入由埃尔顿指挥的左翼。埃尔顿奋起还击，却还是不幸受伤。

鲁伯特击溃新军左翼后，心里又惦记其在纳斯比村庄的辎重，于是紧追新军不舍，想要去发一笔小财。不过，他的美梦似乎做得太早了，因为克伦威尔仅可能给他一个做梦的机会，却不会让他的美梦得逞。

危险已经逼近了鲁伯特，而他完全不知。突然，国会军右翼克伦威尔指挥的骑兵以迅雷不及掩耳之势，从山顶向下冲向正在列队爬坡而上的兰代尔的军队，新军勇士手持马刀，跃马冲杀，王军中那些被迫应征、无心作战的约克郡农村猎手们，纷纷掉头逃离战场。

紧接着，在后面居中的两方步兵也立刻交锋起来。自内战开始以来，还未有过如此迅速变成全面苦战的场面，两军几乎势均力敌。

虽然战事紧迫，但是王军依旧陶醉在极度盲目的自信之中，王军在阵前发出高声呼喊，"为玛丽王后效忠"。议会军则带着坚定的信念，高唱着"上帝与我们同在"冲入敌阵。这着实是完美搭档的一对敌人。

这场苦战暂时完全看不出谁占优势。沃勒·斯基庞受了重伤，费尔法克斯劝他退出战场，但他说道："我不退，只要还有一个人站在战场上，我就不走。"于是继续命令他的后备队向前挺进。

就在步兵们久攻不下、苦战不得的时候，克伦威尔带着他骁勇的士兵们打散了敌人左翼骑兵，于是，他以最快的速度领着骑兵前来支援费尔法克斯，这样一来，议会军气势如虹，向已失去保护的王军步兵侧翼攻去，像猛虎一般直击敌军要害。这样一来，双方的差距也就显现出来。

一队新军骑兵冲入敌阵，步兵立刻士气大振，重新发起冲锋，在骑兵的配合下，一路冲杀下来。

费尔法克斯冲在前面，士兵越战越勇，王军一下子遭到几处攻击，整个步兵队列四分五裂，士兵四散奔逃。鲁伯特最坚强的"蓝衣队"，在最后也被彻底消灭干净。

战况很快传报给了国王查理。查理眼见这种情况，气得大喊，并且他知道了一个更重要的信息，就是这一次王军被打败，很大程度都取决于克伦威尔。这让国王大吃一惊，他本以为胜利在望，却没想到议会军里又出了个这样厉害的人物。他对着推搡的军官们大喊着："谁能把这个克伦威尔交给我，死的活的我都要！"而军官们此时低着头，没有一个人敢奋勇领命，因为他们都已经亲眼见到过克伦威尔的威力。国王再生气，他们也不会去接受这个必败的使命。

见军官们无人应答，查理更是气昏了头，他恼怒为什么自己的阵营里尽是些没用的东西，气急之下，他便要前去拼命，他自己率领唯一的留作后备的卫队，亲自去攻打这个新敌人。

命令发出，士兵和军官无奈地开始行动了，这时卡内沃斯骑马奔到国王身边，忽然死死抓住国王的马镫，吼道："难道你要去送死吗？"他的眼神中流露出的恐惧使得查理的头脑忽然冷静了许多。但是，大敌当前，此时退回，他必定颜面扫地。于是，他还是催马前去。

新军步兵已经冲到前面，又是一场混战和厮杀，新军一如之前一样勇猛，大肆杀伤王军。而国王的这些士兵无心恋战，因为他们知道，再战下去只有丧命，他们不想这样毫无意义地死去，于是都纷纷转身逃命。

见到士兵们纷纷溃逃，而新军的步兵越发勇猛，查理的愤怒再一次燃烧起来，他在一群军官中大声地叫喊着，命令他们马上回来应战，可是不管怎样威慑，都无济于事了。就这样，国王查理眼睁睁看着自己的队伍溃不成军。直到鲁伯特带着骑兵回到这里，才止住了溃散。

原来这位贪心的亲王为了抢夺新军的财物，在纳斯比遭到炮火阻截，久攻不下。战事的失利最终让他清醒了过来，他知道自己正中了新军下怀，于是飞快地撤军回头，返回战场。不过他的醒悟为时已晚。他返回战场的时候，王军败局已定。他看到在国王周围有很多人，却全无秩序，疲惫不堪，他们的眼神中流露着死寂与绝望。

国王查理更是狼狈至极，早已没有了国王的优雅，更像是一个气急的败兵，他将军刀紧紧地握在手中，满脸绝望和愤怒，溃败使他有些微微地颤抖。他并没有死心，虽然状况已经摆在了眼前，他却还不愿意承认自己的失败，于是又鼓动着军官们跟着他一起冲上前去，希望反败为胜。于是，他又带头冲出去，一些人跟着他，但一接触新军士兵便掉头而跑，跑得最快的正是那口号喊得最响亮的国王。而且，不得不让人佩服的是，他一口气跑离战场二十八英里之遥，历时三个小时的激战结束了，以王军的惨败而告终。

太阳已经接近了地平线，沸腾喧嚣的纳斯比又恢复了原有的平静。在此次战役中，王军主力遭到毁灭性打击，从此一蹶不振。纳斯比战役，议会军取得了对王党的决定性胜利。议会军打死打伤和俘虏王军五千多人，王军的枪炮、军火、内阁全数文件等，都成了新军的战利品。他们高喊着胜利的口号。

费尔法克斯用安静而平淡的语气，把胜利消息汇报给议会。而此次战役中，功勋卓著的克伦威尔则被提升为将军，他也写了信，是写给下议院的，因为他是由下议院委派的。在报捷书的最末写道："这次胜仗，不由其他，而全是上帝之功，光荣只属于上帝，无人能与他分功……"这个谦逊的清教徒，任何时候都不会遗忘他所忠诚的上帝。

纳斯比一役后，国王查理的力量大大受损，他已经没有多少力量再进行抵抗了。因此，王军对于议会军的军事威胁也就解除了。剩下的战斗主要是肃清西北个别地区和要塞的王党守军，第一次内战告终，伟大历史剧的前半部落幕。

查理在战场上失败后，转而寄希望于谈判，但是，双方矛盾突出，谈判似乎并无什么好的前景。不过明知谈不拢也要谈，为的是攒足了劲儿再给对方一拳，于是长期谈判就开始了，双方都开始玩起了政治阴谋。这是看不见硝烟的第二战场，这个战场的纷争并不比军事战场上缓和，甚至激烈程度会远远超过它。

正当谈判逐渐深入时，1646年4月26日深夜，狡猾的查理逃走了。

国王出逃，并不简单地只是为了出逃，他的心中另有如意算盘。通过谈判他看透了一些东西：目前国会阵营之所以团结，只不过是因为有国王这个最大的敌对目标存在。他成了国会派别的重大目标，致使国会内部派别放下自身利益而投入到更大的利益争夺之中。他看清情况后，心中便有了对策，因此一旦他消失，那么，对方阵营内原有的各种矛盾就会立刻显现出来。他深知在议会内部尚有独立派与长老派之间无法解决的纷争，更何况在议会和军队之间还存在不可调和的利益冲突。鹬蚌相争之际，他就可以渔翁得利。

逃走，也非常适合他现在的处境，因为他所带领的王军在纳斯比惨败之后，局面越来越难以支撑，新军步步紧逼，王军接连败退。盲目的坚持只能带来更多无谓的牺牲。现如今，牛津城内一片恐慌，查理面对着艰难选择：要么在牛津以死相抗，结局很可能是束手就擒；要么弃城而去借助外力，以期东山再起。两种选择摆在眼前，他毫不犹疑地选择了后者。他远走苏格兰，他自信作为斯图亚特王朝的故乡，即使得不到支持，至少能获得人身自由。另外，假如议会阵营发生纠纷甚至动武，那么查理正好可以借此机会依靠外援予各个击破。他为自己这样的决策叫好。逃走之际，他的心中并不是充满落魄之情，而是满满的希望。5月6日，议会获知，国王已随苏格兰军撤向北部的纽卡斯尔。

3. 铁将军

惨败后的查理来到纽卡斯尔，本以为将受到热烈欢迎，而实际上，军队已经各有异心。此时，国王查理被困在了苏格兰军中，军队表面上对他毕恭毕敬，但是对他的看管也日益严格。查理始终不肯放弃做国王的念头，他曾写信给迪格比勋爵说："要诱使长老派与我联合，这样就可借此让两派互相斗争，我决不放弃这样干的机会，那样一来，不久我又是国王了。"他依旧每日沉浸在自己的国王美梦中。但是议会并不会轻易放过查理，更别说是成全他了。

1646年7月23日，议会决定向国王提出议和条件，然而，国王刚听了一半就已经不耐烦了，他质疑来者的谈判权。议会的条件是要他加入盟约，完全取消主教制的教会，向议会交出陆海及民团的兵权；最后一条要他同意将他最忠诚的朋友排除在特赦之外，凡是他左右的人，凡是为他出过力的人，一律不许担任官职。

听完这些条件，国王查理非常气愤，迟迟不予答复。最后当委员们前来时，查理再次要求到伦敦去亲自与议会磋商。这让长老派大失所望，长老派一心议和的计划破产了。

长老派本来自有他们的打算，希望能将国王留在苏格兰人手中，但是事关民族体面，他们很难提出，并且即使是提出来也必会遭到反对。

正当局面将再次走向恶化时，国王查理却决定接受议会的条件。12月16日，司令官沃勒斯基就拉着国王赔负的20万镑，向伦敦进发。

1647年1月1日，这个车队到达约克，该地放大炮欢迎。

不久之后，查理获知议会的决议将被他迁到霍姆比，听到消息后，国王的那些朋友和仆人向四面八方打听，寻找避难之处，一会儿盘算怎样不失体面地逃去，一会儿又试图在国内的某个穷乡僻壤发动保王党新起事，以拥护国王。2月9日，国王在一队骑兵保护下，离开纽卡斯尔。

查理到达霍姆比后，议会颁布法令，规定议员不得在他的军中任职；又规定：国王手下的军官官阶不得高过上校，必须要遵守长老会的教规等。贵族代表们还说，为了解放伦敦四周的各郡，要求军队在未遣散之前，应驻扎在离伦敦较远的地方。

长老派在威斯敏斯特，由最开始的恐惧变成了欢乐，他们自己已经成了国家的主人，终于能够自由自在、放心大胆地攻击他们的仇敌了。

正像查理国王最初预料的那样，当议会把国王打败后，议会中的派别势力便开始新的夺权斗争。首先，长老会提出，要遣散军队或将派军队攻打爱尔兰。当议会谈到遣散军队时，立刻遭到许多人的大声反对。克伦威尔当然不会坐以待毙，他决不允许庄严的军队毁于议会。于是他迅速地采取了对策，及时地将议会的不利行动通知军中的军官，军官们便偷偷将其传播到军中去。军官们拒绝去爱尔兰打仗。

军队开始向议会提交请愿书。3月25日，最初一份请愿书，只有十四名军官签名，语气很谦和。议会对于这一份请愿书不以为然，他们觉得，任何人都不配对议会做出任何指示。

议会的态度，军人们自然不能妥协。于是军官们又准备了另一份请愿书，这次比第一次要坚决得多，而且要求也更具体：不得拖欠军人工资，凡是不愿意前往爱尔兰的军人，议会不得加以强迫。还要求对残废军人及军人的遗孀予以安抚。这份请愿书的影响更大了，因为议会已经激起了军人们的愤怒，军官及全体士兵都在请愿书上留下了自己的名字，这份请愿书的矛头直指费尔法克斯。

议会命令费尔法克斯禁止军人的行动，宣称不服从命令并坚持这种举动的，即以国家敌人及扰乱治安罪论处。

费尔法克斯居中调解，但并没有起到任何作用，议会坚持遣散军队并同时做着相应的准备工作，军队的请愿书被丢到了一旁。在伦敦市开始募捐，同时加紧催促出征爱尔兰，凡是愿来入伍的，都允诺给予许多好处。

4月15日，有二百名军官聚集在费尔法克斯家中，同议员们会商。军官们一致表示，把费尔法克斯和克伦威尔交给他们，就愿意出征爱尔兰。

议会员们不知所措，更让议会的委员们没有想到的是，4月27日有一百四十一个军官送请愿书给议会，并郑重其事地为他们的行为辩护。

他们说："我们虽然是军人，但我们希望并不因此而失去国民的资格，不能接受议会因此而剥夺我们在国家大事中的利益。在为同胞争取自由的过程中，我们希望我们没有失去自己的自由。我们希望议会不要拒绝我们上递请愿书的权利，我们请求你们按照我们的需要，负责过问我们得来不易的薪金，尤其是士兵们的军饷。"

宣读过后，议会里一片喧哗。长老派说了许多威胁的话，但效力不大，因为此时，整个军队已经联合起来，他们已经成为独立于议会之外的另一支力量。议会对于这种状况相当恐慌，议员们变得胆怯了，有几个人离开了伦敦，而大多数人则向克伦威尔靠近。

于是议会决定依从军队的要求，同军队的领袖们商议，看看有什么效果，并对军队放宽待遇和各种政策。最后一条就是派克伦威尔、埃尔顿、沃勒·斯基庞、韦利特洛德等几个既是将军又是议员的人物，重新建立军队与议会之间的和谐关系，以期言归于好。

然而，事情并不顺利，因为长老派的头目们利用议会，只用了几小时就通过了一个更为坚决的议案。霍利士提出议员投票决议，凡是不肯报名前往爱尔兰的军队应该立即解散，这项措施的细节如日期、地点、办法等都安排好了。

议会决定将突然地、分别地解散这些军队，即就在其所驻的地点内，分别予以解散，这样可使他们既无法会商，又无法一致行动。这个计划的最初行动所需的款项，已送到各个地点，并且派几个全由长老派成员组成的委员会，监督计划的执行。

军队听到这一消息，立刻就陷入混乱之中，许多军队自由做主、互相联合。有的则占据教堂，武装坚守起来，誓不解散；有的将运来准备分配给解散军队的钱夺到手，大家吵吵闹闹要求开大会。军人们立刻用士兵的名义写一封信给费尔法克斯说，倘若将军再不出面，那么他们就要自行开会，并捍卫自己的权利，而不依靠别人。军队乱成了一团。

军官们召集了一个军事会议，军事会议递送一个措辞谦恭的呈文给议会，报告所发生的情况。

议会现在不可能再存在幻想了。议会的权力正在面临军队的挑战，要对付这样的敌人，它需要依靠名义上的实力，也需要依靠除法律以外的一切其他支持。

目前一方面只有国王可以赋予权力，另一方面，只有伦敦市长能赋予权力，可是伦敦市长完全是长老派的，而且快要变作保王党了。一番思考之下，贵族院已经投票表决，要使国王陛下住在靠近伦敦的地方，即住在奥特兰斯，并盼望国王不久就会和议会联合。当然这是长老派的想法。但是，一向以深谋远虑、果断坚决而著称的独立派领袖克伦威尔却抢先一步，开始行动。

6月2日，快到半夜时分，克伦威尔手下的军官乔伊斯开始进攻国王的堡垒，并成功将其占领，而后就闯了进来。于是国王当着几位委员们的面，同乔伊斯会谈了许久，他提出了条件，并表示乔伊斯若是全部应允便会跟随他走。

第二天一早6点钟，乔伊斯的士兵在堡垒的院子里骑马列队。国王在楼梯口出现，委员们及国王的仆人们跟随在后。国王在临行前追问乔伊斯是谁授权来带走他的，乔伊斯对此并没有做出正面回复，便下令出发了。

与此同时，一匹快马奔向伦敦，一名骑兵带着乔伊斯的一封信向克伦威尔报告：诸事成功。

两天之后，费尔法克斯和他的全部部下以及克伦威尔、埃尔顿、沃勒·斯基庞、哈蒙德、兰伯特与里奇等人在剑桥附近的奇尔德斯利会见查理。这些人中多数都诚惶诚恐地吻国王的手，只有克伦威尔和埃尔顿两个人保持一定的距离，不肯上前。

最初得到国王被带到某处的消息时，长老派普遍感到沮丧。沃勒·斯基庞带着哀叹的腔调提出一个议案，要求人们举行禁食活动，以便从上帝那里得到力量恢复议会与军队间的和谐一致。

但是后来得到的消息却引起了议会的愤怒，恢复了议会的"勇气"。他们从委员信件中发现，这次大胆的突击就是由克伦威尔授意策划和决定的。

等到克伦威尔再次在议会中露面时，议会特地安排了两个军官，向议会控诉克伦威尔。

为此，克伦威尔做了很长的辩解，议会虽然暂时答应不追究此事，但克伦威尔却认清了这样一个事实，议会所能做的一切只是使查理更高兴而已。

克伦威尔已经对议会不再抱有希望了。6月10日，他离开伦敦回到军队，因为正如他所说的那样，只有军队才能够办这件事。他到达军队没几天，就率领士兵们向伦敦进军。

全体部队已经庄严地签字宣布，要将他们的奋斗目标坚持到底。在一篇名为《谦逊的通告》的文件中，他们向议会陈词，不再只是描述他们的痛苦，而是很自信庄重地表达他们各方面的意见，谈到国事、议会的结构、选举、请愿的权利以及国家的普遍改革。最后在这许多史无前例的要求之外，还加上一个计划，要求弹劾十一个下议院议员，即霍利斯、斯特普尔顿、梅纳德等人，认为他们是军队的仇敌，议会之所以陷入种种致命的错误之中，都是由于这十一个人造成的。

长老会为此已经做好了准备，他们已经预料到会有这样的打击，它在短时间内做出了最大的努力，以博得伦敦市民对他们的好感。

议员们取消盐税及肉税，恢复被禁止的宗教庆祝节，以期得到市民的支持。但是这些并没有让议员得到预期的收效，人们仍然还是讨厌他们，反对一群贪婪的议员。

议会又做出了一些要廉洁奉公的规定，但还是没有奏效。因为市民们已经看清，在这样一个特殊的时刻，政府的各项让步除了证明时势艰难外，不能证明任何东西了。在这个时候，议会中的各种势力纷纷承认自己的错误。

对于长老派的领袖们，伦敦市民看不起他们，更不信任他们。不过，市政府仍然招募到一些城市中的乌合之众进入军队。另外，退伍军官也纷纷到军营里报名投效。

6月15日，议会投票决议，要求克伦威尔的军队撤退，把国王交予议会的委员会，并请国王住在里奇蒙，单独受议会保护。军队不予理会，继续前进。费尔法克斯以军队的名义向市政会写信，责怪他们招兵买马，反对军队。

市政会送了一封毫无意义的复信，以伦敦的恐怖活动作为招兵的借口，而且郑重声明，如果军队肯退出，而且愿意驻扎在离伦敦四十英里远的地方，所有的分歧就会很快停息。

费尔法克斯答称：这封信来得太晚了，他的大本营已经驻在圣·奥尔斯本，必须立刻送去一个月的军饷。议会投票决议照支付军饷，但一定要军队后退。军队则要求首先将他们的仇敌，即那十一个议员，从议会开除。

下议院议员们此时没了主张，他们下不了决心亲自动手对同僚进行如此沉重的打击，讨论来讨论去仍没有结果，最后提出没有证据证明罪行，无法定罪。6月26日，军队的大本营扎在阿克斯布利奇。伦敦市派调停委员会赴军队谈判，但毫无结果。

那十一个议员当然明白这种情势的严重性，于是不得不自动从议会告退。6月26日，下议院投票决议，采纳军队的各项建议，并愿派委员们协同军队共商国家大计，并再三声称，不再请国王来里奇蒙，无论如何至少请国王住在较远的地方，不会比军队大本营所在地离伦敦更近。6月30日，费尔法克斯接受了这个条件，退兵数英里，派十个委员与议会的委员们会商。

国王正准备依照议会原来的要求启程前往里奇蒙，不久他就得知，议会向军队让步、反对他启程。随后，当查理国王听说议会与军队正在谈判时，他便好像得胜似的，自负地笑了笑，急匆匆地将新的计谋指向了另外一个方向。

国王利用一些忠实于他的人，向伦敦城里散布关于他受到不公正待遇的谣言。长老派也在加紧活动。立刻有消息传到军队，说伦敦爆发骚乱，成群的市民和学生包围了威斯敏斯特，要求议会投票决议请国王回来，并使那十一个议员重进议会。

不到几小时，整个伦敦便陷入混乱之中，于是便有人开始四处宣传，要国王体面、自由地回到伦敦来。

4. 麻烦来了

克伦威尔刚把国王的威风打下，他就被推到了风口浪尖上，克伦威尔的麻烦来了。对于这一点，官兵们都非常气愤，并且他们心里清楚，这一切的背后都是国王查理在作怪。

正当局势尖锐起来时，议会中的一部分独立派议员从伦敦逃出，并来到军队中请求庇护。军官和士兵们围住避难者，听他们讲述受到的危险和侮辱，无不表示愤怒。他们感谢上帝激发议员们的爱国决心，并且对议员们表示崇敬。

消息传到国王那里，国王十分气愤，却又无可奈何。于是，有人劝他应立即接受军队的条件，以解除他们的怀疑。但查理却也得到伦敦的消息，说就在避难的议员离开伦敦的那一天，留在伦敦的大多数议员就选举了两个新议长。早先提出辞呈的十一个议员恢复了席位，改组后的议会立刻下了命令，要军队停留于原地，并命伦敦尽力准备防卫工作。这个决议很快被送到了国王那里，因此，国王确定暂且先不对军队表态。他希望会有一些新的变动。

但是，克伦威尔的"铁骑军"并不会让查理得逞，更不会成全议员们痴心妄想的美梦，他们声称："两天之后，伦敦市将在我们手中。"

8月6日，令人敬畏的大军整队从肯辛顿前往威斯敏斯特，那些逃亡的议员分乘自己的马车，从容地向伦敦进发。令他们没有想到的是，伦敦市在大军到来之前已经投降。在路两旁站着两行士兵，帽上插着桂枝，大声欢呼着："议会万岁，自由的议会万岁。"

很快，沃勒·斯基庞在中军，克伦威尔在后军，全军游行通过伦敦，军容威严，寂然无声，纪律严明，并无任何市民受过哪怕是最轻微的侮辱，军官们要的就是使伦敦市民放心，同时也是向国王示威。

长老派看到此种情境，心中感到非常复杂而矛盾。因为这些军人虽然高傲非凡，却是严守纪律；虽然威势赫赫，却服从命令，便只好回家关住了大门。

两院已经投票决议，凡是未逃的议员所办的事，不用作专案取消，一切自动无效。军队的完全胜利已成定局，受到了内外一致称赞。从此长老派的政治地位开始衰落，独立派政治优势宣告确立。

5. 谈判

1647年春，就在长老派与军队之间的裂痕日益加深、独立派兴起并发展壮大的时候，在英国的革命舞台上，又有一支新的力量开始崛起，他们被称为"平等派"。

1606年出现的平等派，起初所指的是一小批由于生活无着落而铤而走险的人。17世纪40年代后期，那些有着较为激进的民主思想的人，也被独立派称为"平等派"。因为，他们所要求的远远超过了长老派和独立派所愿意承诺的限度。平等派的支持者，绝大多数是新军中的成员。

平等派有一个传奇领袖，这个人就是约翰·李尔本。

约翰·李尔本是激进民主主义思想家，是英格兰北部达勒姆郡的一个小自耕农的幼子。十二岁时，他来到一家服装店当学徒。年轻时，他是个非常虔诚的清教徒，全力投身反国教斗争。1638年因散发宣传清教的小册子被捕。在法院受审时，他声色俱厉地反驳对他的指控，被判了重刑。1638年2月从弗利特监狱到威斯敏斯特途中，李尔本一路走，一路被当众鞭打。但他坚强不屈，继续向沿途群众散发随身藏匿的宣传清教的小册子。长期议会召开后不久，他被释放。内战开始后，李尔本参加议会军。1644年5月任陆军中校。此后，他因拒绝承认"庄严的同盟与圣约"被解职。以后从事写作。他主张：国家的最高权力应属于人民；人人都享有天赋的权利。在政治上应消灭君主制，建立共和国；实行成年男子普选权。在经济上取消垄断专卖权，同时实行宗教宽容、言论自由等。

出于他的一贯信仰，李尔本坚决地反对封建制度。他一向反对长老派在内战中的反动政策。在一本名叫《英国人的天赋权利》的书中，他写道："英国人啊！你们的自由在哪儿呢？你们用这么长时间为自由和权利而战斗、流血，指望得到自己的自由，但你们的自由和权利到底在哪里呢？"

1647年3月到7月，独立派高级军官在国会与军队之间徘徊，广大士兵在李尔本反对国会专横、要求继续革命的影响下，政治热情骤增。一份又一份体现李尔本主张的请愿书，雪片似的从东部各郡飞到国会和新军将领面前。这些请愿书的内容都是要求解除农民的负担，取消什一税和日用品的专卖制度，救济贫民，确立宗教信仰完全自由，要求改革政治体制，扩大选举权，并请求释放李尔本。

不难看出，革命本身使人民不断成熟，而这种成熟的直接体现，是人民对民主权利的要求。这种要求的实现，在当时也许根本不可能，但它却有力地震撼着任何渴望自由的人的心灵。而一旦时机成熟，人民身上的这种政治上的热情就将成为新制度诞生的最直接根源。

克伦威尔与李尔本有很深的渊源，他们曾共同在战斗中出生入死，在战斗中两人建立了深厚的友谊，李尔本入狱之后，克伦威尔曾多方想办法解救。正是在克伦威尔的提议下，李尔本才得以获释。因此，最初的一段时间里两人一直维持着友好的关系。

1647年9月6日，克伦威尔与李尔本进行了一次谈话，他来到塔狱，会见了李尔本，并坦诚地说出了自己的想法，他劝李尔本不要严厉地非难国会。

李尔本却有着自己的想法，他痛心疾首地告诉克伦威尔，他所希望的是国会和军队里的显贵们，对所有的人都能公正无私，法律上应一律平等……

李尔本坚持自己的想法，他认为现在的国会是企图建立新的专制政府来奴役人民的策划者，而他本人深深地憎恨这种暴政，并明确表示，他会始终竭尽全力反对，并且会战斗到底……

克伦威尔对此表示无奈，但他还是希望李尔本能够平静下来。他问李尔本，如果获释，是否会平静下来？如果他有耐心，还将被授予一个光荣的军职。

李尔本表示，如果按照现在国会和显贵们的原则去行动，他绝不去参加无论是国会还是军队的工作，这世界上任何东西都不能收买他的信念。他又狂笑着补充说："如果我自由了，我将深入到军队中去，并在那里制造新的动乱！"

这是一位永远都不会屈服的革命者。

克伦威尔不是神，他摆脱不了那个时代思想的束缚，作为革命者他能深刻领悟到许多东西已经来之不易。事实上，革命本身也是在反复地进行着不同的价值取向，谁占上风，就稍偏向谁，而最终将在这种反复中获得平衡与稳定，这种情况我们便称之为社会的进步。

克伦威尔授意埃尔顿，起草了一份纲要。埃尔顿是一个受过专业训练的律师，他最害怕的是无政府状态，这份纲要的主旨是：现存的国会必须解散，而代之一个以资产资格为基础的、两年一届的新国会；在国会召开期间，国王无权终止或解散国会。

纲要要求成立一个隶属于国会的国务会议，协助国会掌管外交和军事，其成员由国会会同各方面协商任命，任期最长不超过七年。

纲要还提出了其他一些条款，其中包括要求确认人民的请愿权利、取消国内商品的消费税和专卖制度、整顿什一税等。

纲要还规定国家机构的官员，最初由国会委任，十年后再由国王从国会推荐的人员中遴选。军队指挥权在十年内归两院掌握，十年后经国会同意，归属于国王；恢复高级教士主教一职，但必须废除其干涉世俗事务和因宗教问题而给人以处罚的权力。

这个纲要对国王查理一世和国会的权力是有所制约的，但对他们的未来仍赋予了较大的权力。而且它最大的特点是：保留了国王和上议院。

整整一个秋天，克伦威尔以纲要为基础，与国王查理进行着断断续续的谈判，两人展开了一场政治对弈。

斗争中，克伦威尔不敢有半点儿疏忽，他心里清楚查理是个非常狡猾的家伙，并且查理十分了解长老派与独立派之间的矛盾，也明了军队与议会之间的分歧，他很善于在这其中寻找空隙为自己获利。他不紧不慢地磨着，一心等着有什么状况他可以充分利用，那个状况竟然真被他盼来了。

正当克伦威尔与查理一世进行谈判的时候，10月1日，士兵鼓动员们起草并向费尔法克斯呈递了一份《军队的声明》，它体现了平等派的政治思想，它的内容不仅涉及诸如清洗和解散现有国会等具体要求，还从理论上描画出一幅未来的资产阶级民主共和政体的蓝图。声明还提出了广泛的社会经济要求，例如：全面的宗教宽容、取消一切特权、在法律面前人人平等、救济伤残、优抚孤寡、用王室和主教的地产来偿付士兵的欠款和支付当前的薪金。

不久，鼓动员们又制定了一个《人民公约》，它的全称是："基于普通权利基础之上的，为了坚定和现实的和平而制定的人民公约。"其中提出：在1648年9月底前解散现存国会，未来的国会每两年选举一次，实行按居民人数比例的代表制；政府的权力来自人民，未来的国会议员必须听命于他们的选民。议员有如下的自主权利：制定、修改和废除法律，建立和改组法庭，宣战和议和，决定对外政策，任免政府各级官员，但他们无权干涉宗教事务，不能强制人民服兵役，他们在法律上没有任何特权。《公约》最后宣布："这些是我们的天赋权利，因此，我们一致同意，决心坚持，竭尽我们最大的可能来抵制任何反对者。"

当《公约》递交给军事委员会时，士兵代表提出，所有军事人员和非军事人员，只要他们不是仆役或依靠救济度日者，在选举他们的代表进入国会的事情上应同样有发言权。

平等派的这两个宣言在新军内外激起了强烈的反响，也震动了代表资产阶级和新贵族的独立派上层。很简单，这样的自由与平等是独立派绝对不能接受的。也正是在此时，克伦威尔犀利的目光看到了"平等派"脱离实际的一面，他深知这样的想法在当时的英国是无法得到满足的，虽然如此，但是平等派崛起之迅猛，力量壮大如此之快，却是不容忽视的。

第六章　国王的末路

1. 果决的发言

10月22日，独立派高级军官讨论了《军队声明》，但毫无结果，再三之后，克伦威尔就决定把平等派的这些政治纲领提交"全军委员会"扩大会议进行审议。于是一场辩论开始了。

1647年10月28日，"全军委员会"扩大会议在伦敦郊区的巴特尼教堂内召开，费尔法克斯因病缺席，由克伦威尔担任会议主席。

双方阵线分明：以克伦威尔和埃尔顿为首的是一方，他们代表的是高级军官和独立派绅士；另一方是士兵鼓动员和团体的下级军官代表，大多数是平等派，还有从伦敦来的非军队成员，平等派分子约翰·怀尔德等人，雷因波洛上校是他们的主要发言人。这是一场严肃的政治辩论，不见硝烟，却更具有杀伤力。克伦威尔正是这一历史时刻的见证者，并在其中扮演着十分重要的角色。

在会议开始时，克伦威尔宣布：召开这次扩大会议是为了全体国民的公务，大家有权自由发言。

士兵鼓动员代表发言指出：查理一世的王权统治和现存的国会是造成人们不幸福的根源，如果要使国王满意，那我们就只能引颈自杀。现存的国会，只是由一群堕落的议员所组成的腐朽了的大厦，应予解散。

埃尔顿针对这一观点，明确地反对解散现存的国会和摧毁查理一世的王权统治，认为这是"过大的跳跃"，会导致国家的分裂和瓦解。他表示决不愿意跟那些企图摧毁国王或国会的人站在一起。两种观点都非常明确，可谓针尖对麦芒，任何一方都据理力争。

而克伦威尔本人却没有明显倾向于任何一方，他的想法相对来说比较折中。他反对专制的王权，却不同意平等派的主权在民的学说，他认为应在不动摇现存体制的基础上进行改革。他虽然同意埃尔顿的观点，但态度较为谨慎。在会议上，他说："《人民公约》所主张和表述的是无可非议的。"但他婉转地肯定这种要求的正当性同时，从"结果"这一角度来说明这种要求的危害性。

克伦威尔最后表示："光是提出一些好的目标是不够的，假定这种模式是卓越的，适合于英格兰这个王国的情况，但作为基础的大众，我们的职责是考虑其后果，考虑达到目标的途径。"

埃尔顿的明确反对、克伦威尔的婉转否定，都遭到了平等派成员针锋相对的驳斥。

双方持续激烈争斗，却迟迟没有什么明确的结果。

会议进入第二天后，争辩转入选举权的问题。论战首先由埃尔顿挑起，他抨击《人民公约》第一条——国会选举须实行按居民人数比例的代表制，说："如果这一条所指的是，凡是居民在选举时都有同等的发言权，我声明反对。"

平等派代表威廉·配第坚定地说："我们断言，所有在英格兰的居民，生而为英格兰人而没有失去其国籍者，在选举中都应有同等的发言权。"

紧接着是一轮又一轮无休止的唇枪舌剑，针锋相对，争辩在进行着，最终的结果只是浪费口舌。

而后不久，会议休会。同一天，与会的鼓动员离去。次日，一部分鼓动员要求国会接受《军队声明》，但遭到拒绝。之后，扩大会议被解散。当晚，国王查理便从汉普顿逃跑。

14日，"全军委员会"发布宣言，声称抵制任何改变政治体制的意图，士兵群情激奋，最后高级军官不得不采纳雷因波洛的提议，决定进行集合检阅，首批军人将在哈特福德那的韦尔附近集合。

时值初冬季节，天气格外寒冷。检阅场上，军容整齐的士兵们神情严肃，他们都清楚，这绝非一般的检阅，已经上升到了尖锐的政治斗争，这是一次军中独立派与平等派之间的较量。任何的疏忽都可能会酿成大祸，因此，士兵们都格外小心。

当克伦威尔和费尔法克斯来到检阅场时，雷因波洛把一份《人民公约》交给费尔法克斯。费尔法克斯有礼貌地接受后，讲了话，他表示支持士兵们的正义行动，允许按克伦威尔在巴特尼教堂内确定的新方案来改革国会，并要求士兵在服从命令的誓词上签名。

费尔法克斯的发言一结束，立即有两名平等派军官司各脱和艾尔走出队伍，号召士兵们坚持《人民公约》而决不在誓词上签名，但军事纪律制约着士兵，他们一时犹豫不决、不知所措。然而，新的意外又出现了。就在这时，哈利逊和罗伯特·李尔本率领的两个团队士兵意外地出现了，并且每个士兵帽子上都粘着一份《人民公约》，身上佩戴着平等派的海绿色绶带，一路高呼："英国自由，士兵权利。"昂然走入检阅场。

突发事件使得场内立时发生了一片骚乱，费尔法克斯立即上前劝说，他知道，如果不加以制止，事情会变得难以收拾。于是他上前讲明其中利害，哈利逊的团队很快顺从了，大声说上了人家的当，士兵纷纷把《人民公约》从帽子上撕下来。但罗伯特·李尔本——约翰·李尔本的弟弟，他团队的人拒不服从，他的眼神中流露出和他哥哥一样的固执，并且以叛乱的语言回答费尔法克斯。

气氛被搞得越来越僵，克伦威尔马上意识到了局势的严重性，他立即挥剑策马，闯入士兵队伍。

克伦威尔声色俱厉地呵斥着士兵们将帽子上那张纸摘下来！他本身的威严和怒吼让士兵们十分惧怕。

见士兵们没有动静，克伦威尔便亲手除去士兵们身上的海绿色绶带，而士兵们并不敢有半点儿的反抗之举。

克伦威尔脸色阴沉、勃然大怒，威慑着每一个人，并且每一个士兵都十分清楚，"铁骑军"一向以纪律严明而闻名。对这个说一不二的家伙，顺从才是最明智的举措。

克伦威尔在队伍中拉出了十四个叛逆明显的士兵，命人拘捕他们，在现场组织军事法庭，判处三人死罪。所有人都被克伦威尔震慑住了，众人都屏住了呼吸，不敢再有丝毫动静，因为士兵们知道，他们一不小心将会成为下一个被判死罪之人。

与此同时，军人委员会吩咐道："让他们抽签，抽着死签的立刻枪毙。"于是一个叫理查·阿纳尔的被当着全军的面就地正法。

克伦威尔并不是随便做做样子吓唬人的，眼看着子弹穿透了士兵的脑袋，其余十一人双腿都开始颤抖了，他们在全团面前悔过，获释归队，另两名死刑犯，被带回营去听候处置。

就这样，危机在克伦威尔的威严呵斥声中被击碎了。

四天后，克伦威尔向下议院做出了关于平叛的报告，费尔法克斯也不无余悸地说："蒙上帝重恩，一切均归无效。"

作为用暴力镇压平等派的一次政治事件，克伦威尔表现出了绝对的勇气和胆略，为军队稳定及日后的政治稳定奠定了基础。

克伦威尔是对是错，我们并无发言权，因为这是历史的选择，没有对与错。

2. 危险逼近

查理的末日就要到了，他最终用生命成全了克伦威尔。

查理国王从汉普顿宫潜逃至怀特岛后，便与苏格兰人加速密商，并对军队和议会同时采取暧昧态度。由于以克伦威尔为首的独立派急于击败长老派，克伦威尔便想借助国王的某些影响，国王自然明白独立派的算盘，因此他想要将计就计，利用独立派的弱点，扩大分裂。

克伦威尔及埃尔顿始终在同国王进行着谈判。同国王的接近，招来了军队中很多官兵的不满，克伦威尔受了查理的蒙蔽而不知所措。国王表面上口口称是，实际上根本没有诚意。

一天，克伦威尔从一个安插在国王卧室的密探那里得到报告说，国王将有一封给王后的信，从他的住处凯里斯勃鲁克发出，这封信被缝在马鞍内，由一个信差携带。信差将于晚上10点来到霍尔本的"蓝野猪旅店"，那里有一匹马等候着把他带出多佛，再从多佛把马鞍当作包裹，由船运到法国。克伦威尔获悉这一情报后立即和埃尔顿乔装成两个普通士兵，前往指定地点。

1647年11月12日傍晚，在怀特岛通往霍尔本的路上，三个军人在迅速地赶路。前面两人是普通士兵的装束，而这两个在外人看来的普通士兵，却并不是简单人物，他们是克伦威尔和埃尔顿，他后面跟着一个骑兵。他们来到了"蓝野猪旅店"后，骑兵留在门口，克伦威尔和埃尔顿以士兵打扮跨进旅店餐室，拣了个桌子坐下，要了些啤酒，不时地注视着门外。

晚上10点钟时，门口闪过一个人影，头上顶着马鞍。骑兵立刻向室内示意。那两个士兵便走出餐室，手执宝剑，来到那人面前，自称奉命检查过往行人，夺下马鞍，返回旅店。

马鞍被拆开，一封密信赫然在目。他们取出信件，又仔细地将马鞍重新缝好，回到外面，交给那个莫名其妙的过路人，一封密信被截获了，这是查理国王给王后的信。

查理一世在信中向王后透露了他的处境并表达了他的心意。他在信中提到，他受到了多方面的利益争夺，他愿与苏格兰长老派而不是军队方面协商谈判。

信中的内容已经清楚地表达了国王的意愿，严酷的事实已经摆在眼前，这两位将军看着这封信件面面相觑。他们最后一丝幻想破灭了，狡猾的国王根本没有妥协的意思，他认准的只有自己的利益，并且国王已经把筹码压到了长老派一方。鉴于此，两位将军立刻返回蕴沙，召开主要军官会议，商讨对策。克伦威尔已经再也不能接受国王的蒙骗了，他必须尽快采取行动，以破坏国王的诡计。

3月底，克伦威尔托人转告国王的亲信："虽然我一向乐意为国王服务，但我决不愿为了国王而自取灭亡。"

约翰·伯克利将这一消息带给了国王，并恳求国王立即逃走。查理也觉得大计已被识破，是时候该逃走了。王后打发一条船来到怀特岛四面巡航，正是为了时刻等候查理，供他逃亡之用。可就在查理要逃走之时，又有了新变动。一个新的阴谋复活了国王的希望，他不准备走了，他要抓住这个上帝留给他的最后机会，重新夺回自己至高无上的权力。

12月14日，下议院热烈地进行了一场争辩之后，投票决议，提出四个条件，以议案的形式送与国王，他若肯接受的话，就许可他按照他的几项要求，亲自同议会商议条件。这些条件是：

第一，海陆军统率大权交与议会执掌，二十年后如因王国的安全需要，得由议会继续执掌此项大权。

第二，国王必须撤销自己过去所发表的反对议会、诬称议会违法及反叛的一切宣告。

第三，国王应宣布凡在他离开伦敦以后所封的勋爵全部作废。

第四，议会有权在它认为适当时做出长达任何时间的休会决定，可以移至任何地点开会。

这四点条件相当于让国王承认致使他丧失权力和尊严的战争是合法合理的，这让查理感到非常委屈，他不想接受这个条件。而国王的心思，早已经被苏格兰的长老会看透了，他们趁机寄信来劝他拒绝令人难堪的条件，并且表明，苏格兰将会同他商量更好的条件。一面是议会无限制的打压，一面是苏格兰人抛出的救命稻草，查理心中已有了自己的算盘。也正因此，查理对伯克利说："我必须等待，在我离开王国之前，将与苏格兰人定下条件。他们一旦看见我脱离了军队的手掌，他们将会提出加倍要求的。"

秘密谈判大约进行了两天，12月26日就议案签字。议案藏在岛上的一所花园内，等待日后能够安全地取出来。在此次密谈中苏格兰答应派一支军队来干预，以恢复国王的正当权力，条件是国王必须肯定长老派在英格兰存在三年，但相对宽松的是，国王及他的朋友崇奉长老派的教义。

除此之外的一些条件则都是有利于苏格兰的，这大大伤害了英格兰的体面。还有就是为了协助苏格兰军队，保王党也应组建军队。而国王本人，则需要在拒绝那四个条件后，就逃往苏格兰边界。

商议基本完毕，12月27日，查理回信给议会委员会，说他预备给他们答复。而这时，却出了点儿小意外。

三年前在牛津谈判的时候，国王便曾把答复装在密封加印的信封内，因为他害怕一旦议会知道他拒绝，或知道他的计划，他们就会采取措施推翻全局。然而这一次却不同，当国王把信封交给登比勋爵时，登比说："议会授命我们带回去的不是陛下高兴给我们的无论什么东西，而只是要么接受，要么拒绝那四个议决案。"他的意思已经很明白，他需要国王给出一个明确的回复，而不是一封密封的、不知内容的信件。

无奈之下，国王只好大声宣读了回信，回信是拒绝那四个条件，又表示事前不接受任何条件，而要求亲自与议会面商。

委员们都大吃一惊，他们简单地商讨之后，就回威斯敏斯特去了。

他们走后，国王即着手研究逃走的方法，不过，堡寨的大门关了，并禁止陌生人进来。各处的守兵加倍，国王的全部臣仆奉命离开本岛，最先离开的就是原本要帮助查理计划出逃的阿什伯纳和伯克利。

一切准备就绪，却突然发生了这样的情况，这让查理既气愤又着急。他派人去请哈蒙德，并非常气愤地质问为什么要这样做。

哈蒙德一声不响，不给查理任何答复，只是在那里听国王大发牢骚，他越是镇定自若，国王查理就越生气。

事实上，哈蒙德并不曾奉过什么正式命令，但他得知国王拒绝议会的四个条件后，就决定这样做了。

国王脾气坏到了极点，他不断质问哈蒙德，而哈蒙德都轻巧回答。

议会的委员们回到了威斯敏斯特并报告了他们所得的结果，显然这个结果令大家愤慨和沮丧。一个向来低调沉默的爵士更是气愤地站起来提议将国王扔在一旁，不用他治理国事。他对国王已经恨之入骨，并建议立刻处决国王，送他下地狱。

埃尔顿立刻支持这个提议，他说道："国王拒绝那四个决议案，就是不给人民和平，不肯保护人民。人民甘愿臣服于他，原是以保护人民为交换条件，国王既然拒绝保护人民，我们就拒绝对他臣服，我们只管自己办理国事，用不着他了。"

长老派听见他这样粗暴地攻击国王，大吃一惊，同时也左右为难，因为查理拒绝条件，他们不知如何是好。关于这件事议会讨论得十分激烈。

会议最开始长老派很冷淡，态度左右不定。面对此情景克伦威尔审时度势，觉得自己该站起来表态了，于是，他站起身来，陈述了自己的观点："议长先生，国王是一个极有见识和天才的人，可惜太习惯于欺诈，太习惯于虚伪，我们是无法相信他的。他一面指天誓日说他怎样酷爱和平，却暗中同苏格兰人谈条件，想陷国家于另一场战事之中。现在大家一致寄望于议会，盼它运用自己的权力和决断来治理国家，保护国家，且要议会切勿再教育人民将安全和治理的希望寄放在一个残酷的人身上，上帝已经使这个人的心变得像铁板一般硬了。过去有一些人付过鲜血的代价保护你们免陷于如此之多的危难，现在他们仍会再以同样的勇敢和同样的忠诚，不顾一切反对，来保护你们……请你们自己去判断吧！"

克伦威尔说完话就坐了下来同时他抓住佩剑的剑柄，所有人都强烈感受到了他气势的威力，他们也不想迎头而上做无谓的斗争。他说过之后便再无人发言。

军队送来了两份宣言，一份是给下议院的，满纸都是庆贺之辞；一份是给上议院的，温和婉转，答应尽力帮助贵族。上议院讨论之后，最后也仅有两票反对。

这样一来，军队胜利了，克伦威尔不愧为大智者，他高瞻远瞩，他看问题不会仅仅停留在表面上，而是会看到长远的发展。他面对胜利并不欢喜，相反却感到了强烈的不安。

克伦威尔对现状做了十分周密的分析。虽然已经下定决心反对国王，但是反对国王也就意味着对共和派的支持，而共和派人以及狂热分子们的愿望与他们的野心，在他看来，却有许多不切实际之处，因此，前后都不是他称心的选择。他清楚地看到，全国的主要地主和富裕的国民，几乎稍有名望的人，都打算归隐，不问地方上的公事。事权遂落入景况较差的下层民众手中，他们急于掌权，也能雷厉风行地使用权力，不过要让他们保持权力就不中用了。

克伦威尔不相信众多市民在承受法律压迫的基础上建立起的局面能够持久，也更不能相信长老派的那些老顽固们能够长期甘愿受这样的统治，这是绝对不现实的。他当然更加清楚：议会里以及议会影响范围内与日俱增的分歧与混乱，终究会使征服者以自身的毁灭告终。

现状已经清楚地摆在眼前，而克伦威尔希望能寻找到一条更好的出路，他觉得至少要在这样黑暗的混乱中找出一条最快、最安全的路，以成就他的伟大事业。

3. 英勇的战斗者

暂时处理完国王的问题后，议会内部的争斗开始了。虽然一时还无法达成共识，但克伦威尔相信，一定会有更好的解决办法。

一天，克伦威尔请来重要的独立派人士与长老派人士、牧师及无圣职的教徒，在他家里吃饭，热烈地讨论和解的必要，至少也需要暂时停止他们之间的争执，以便共同对待即将来临的危险。可惜长老派的脾气太不能迁就，又太过于排他，会议没有结果。

克伦威尔又开了一个会，请政治领袖来商谈，其中大多数是军官，还请了平等派的人士，他说有必要共同研究英格兰究竟适于什么形式的政府，因为他们现在要负责管理了；实际上，他是想摸清究竟这些人将来谁会协助他，而对谁应该警惕。

平等派坚持要人们做出一个不闪烁其词的宣告。辩论进行得很激烈，勒德洛及其他人力逼克伦威尔明白表达他自己的态度，他们说决心要晓得谁是他们的朋友。将军们却较为保留，他们认为，共和制虽然好，却不敢确定会成功，最好不做仓促的决定，而观察事态的进展的时势需要逐日服从上帝的指挥。

克伦威尔本人此时也觉得双方都有道理，一时很难下定论，先是支吾搪塞，后被逼不过，也只能硬着头皮敷衍过去。但就在克伦威尔将要做出抉择的时候，危险却已经逼近了，心怀不满的人日益增多，胆子也越来越大。而国王同苏格兰人的密约也起了作用。

1648年3月2日，苏格兰议会开会，以汉密尔顿为首的长老派在选举中获得多数，虽然阿盖尔和一些激烈的教士企图打倒他们，但没有成功。5月3日，苏格兰成立了一个应变委员会，被授以行政大权，叫它募集一支四万人的军队，赋以保卫国王的任务。

同时，英格兰北方的保王党们听见了这个消息，也纷纷起事。在爱尔兰也有人投到国王的大旗下。最后当所有这些消息传到伦敦时，议会内及伦敦市内的长老派又都抬起头来了。

克伦威尔对于这次国王势力的复苏早有预料，他果断采取行动，以军队将领和本派领袖的名义，让人向市政会提出建议，要求将指挥民团和守卫伦敦塔的权力交回伦敦市，并要求将被控的市政参议员全体释放，他们刚刚以莫名其妙的罪名受到指控。

伦敦市长却拒绝了克伦威尔的建议。现在，必须放弃一切和解的希望了，他看见长老派在伦敦市内重新获得勇气，在议会内又再度获得信任，他要以满腔的激情来冒险做决定性的一击。

他回到大本营，召集军官们开了一个会议，提议军队应该向伦敦进军，从议会里驱逐一切与他们为敌的人。一句话，以善良人民和公共安全的名义，把大权抢夺过来。但是他的提议受到了抵制，即便是最大胆的人也感到突然。

费尔法克斯开始对克伦威尔所做的事感觉有些不放心，他利用这个机会，抵制克伦威尔的要求，这使克伦威尔不得不放弃了立刻进军的计划。他很烦闷，有些人因为他的妥协而怀疑他，另一些人则认为他的计划太激烈而对他不满。他忍受不了这样的无所作为以及这样的横加阻挠，便决定立即离开伦敦，进军攻打西方的闹事分子，他想以战争来恢复他受挫的威望。几天之后，克伦威尔统领了五个团的人马，向威尔士出发。

克伦威尔刚刚离开伦敦，保王党便在四面八方爆发了叛乱。在苏格兰军队进攻的同时，保王党的军队在全国许多地方都开始了反抗，其声势如无法扑灭的大火，迅速蔓延，很快，就逼近了威斯敏斯特。很快议会就听到了此起彼落的喊声："应该立刻命费尔法克斯率兵出征。"费尔法克斯奉命立刻攻打包围伦敦附近地方的各支队伍。

兰伯特被派往北方，他的任务是镇压朗格戴尔和马斯格雷夫的叛军，只许成功，不许失败。

在相邻的威尔士地区，顽固的长老派成员波伊尔公开宣布支持国王，威尔士的许多要塞先后作乱，转入王党阵营以支持波伊尔。

5月10日，克伦威尔率领部下到达南威尔士，24日，迫近潘布洛克。他的部将迅速占领了丹化和齐普托斯等作乱的要塞。双方进行了为期一周的苦战，直到5月底，叛乱城镇才被一一攻克，但是还有一些龟缩在潘布洛克的叛乱者在拼死斗争着。剩下这一小部分叛乱之人，依靠要塞殊死搏斗，并不好对付，克伦威尔集中优势兵力，对其进行多次攻击，结果收效甚微。正在他苦恼为难之际，新型的大炮增援到了。这下子，克伦威尔就更加有信心了。他对自己暗暗发誓，一定要将潘布洛克攻克。又经过六个星期的苦战，他的誓言

得以实现。所有过程中的艰辛都在胜利的喝彩声中湮灭，克伦威尔"铁将军"的威名又一次被验证。

克伦威尔西进的同时，费尔法克斯率部向肯特郡进军，冲过密特威河上敌人的防线，给分散的王党军团以有力的、决定性的打击。6月中旬，这个郡里的王党据点被一一铲平，只剩下戈林手下的王党军队。但由于人单势孤，这支军队掉头北去，逃入埃塞克斯郡的柯尔彻斯特，继续顽抗。克伦威尔和费尔法克斯趁其退追击。正当胜利在望时，他们接到了一个非常令人震惊的消息："苏格兰军已经南下。"很快，消息得到了证实。

原来正当克伦威尔围攻潘布洛克时，一万多名苏格兰士兵在汉米尔顿的带领下越过边界，进入英格兰。同时，另一名苏格兰将领门罗也正带领三千多名苏格兰士兵从爱尔兰越海前来与汉米尔顿会合。

此时，英格兰局势内忧外患，境内叛乱刚刚要平息，外部军队入侵又使形势变得危急，英格兰危在旦夕。

守卫约克的兰伯特将军只有不到五千人的军队，根本无法与之抗衡，迫于敌军压力，他们只能一步步后退。

克伦威尔送信给兰伯特将军，叫他一看到苏格兰军队就立即后退，以免同他们开仗，而他则立即前去支援。这一封信，让兰伯特将军心中踏实了许多，但是他仍然有些担忧，因为毕竟当时克伦威尔还在遥远的腹地。

攻下潘布洛克两天后，克伦威尔带着五六千人，衣履不整，立即赶回英格兰。刚刚从前线下来的士兵还有些狼狈，但是他们的眼中却闪烁着光芒，胜利让他们信心百倍、精神抖擞，更何况有克伦威尔这个神一样的将军在前面开路。这些士兵信任他们的领袖，藐视他们的仇敌，热切地投入战斗，满怀胜利的信心。

克伦威尔写信给德比佳所的委员会说："为了我走乏的士兵，请你们立刻送军鞋来，他们还要走很远的路程呢！"

这话说的并没有错，因为他们几乎走遍了整个英格兰，最先是从西往东，随即从南往北，行军之快，从没有过。

克伦威尔的军队一路上受到了英格兰各地人民的拥护和欢迎，就在他出发后十三天，他所派遣的先行骑兵已经和兰伯特将军的骑兵会合了，这样的速度，让许多人都瞠目结舌。

在此期间，苏格兰军却呈现出了完全不同的状态，他们沿西方大道前进，游移不定，一停就是许多天，队伍分布在长达十五到二十英里的战线上。士兵们过着相对舒服的日子。在他们的心中胜利已经是唾手可得，一切都只不过是时间问题。

他们的美梦很快就破碎了，因为克伦威尔给他们做梦的时间非常有限。

当有人向汉米尔顿报告，说克伦威尔快到了，并且克伦威尔有在此决一死战的架势时，汉米尔顿公爵答道："这不可能，就是飞也飞不到这里，就算克伦威尔离此不远，人数一定很少。他会小心翼翼，不敢攻打我们。"随即，他哈哈大笑几声就把此消息置之不理了。但是，这一次公爵出现了重大失误，因为，在8月17日，另有消息传来：保王党军官兰代尔的骑兵已经同克伦威尔交锋。兰代尔在求援信中声称自己所占的地势很好，士气也很振奋，只需一千名援兵，他就会有时间将军队集中起来击溃敌军。

汉米尔顿慌乱起来，急忙应允了援兵，兰代尔支撑了四个小时，克伦威尔遇到了顽强的抵抗，但是"铁将军"从没觉得他会输给对方。火光纷飞的战场里，他的信念更加坚定。苏格兰人的援军没到，这个英勇的保王党兰代尔就被打得落荒而逃。

克伦威尔在意的不是这样一支小部队，并没有去追赶他们，他心中盘算的是整个大局，他率领着众将士直扑苏格兰大军。得知消息的苏格兰军队仓皇而逃，为了躲避克伦威尔的阻截，他们匆匆抢渡里布尔河。大多数队伍已经过了河，只余下两团步兵。汉米尔顿自己及几个营的马队仍在右岸掩护退却，他们已经被吓得不成样子，不敢对抗，只能退却。

克伦威尔不会姑息这些胆怯的家伙，他们飞速行军，几乎与苏格兰军同时渡河，在稍作休息之后，翌日晨又继续追逐敌军。敌军仍然向南行，一路逃走。因为一而再地逃走，苏格兰军队的力量损失很大，于是他们改变了策略，在沃林顿附近突然拨马回头，与英格兰军针锋相对，猫追老鼠的游戏总算结束，两军开始了一番苦战。克伦威尔的军队奋勇进攻，苏格兰军难以抵挡。最后，英格兰夺得了山隘，占领了默西河上的一座桥。苏格兰军陷入了混乱，军中一片恐慌，更为糟糕的是，他们的军火紧缺，很难坚持下去。基于现状考虑，有一部分人投降。汉米尔顿公爵并不甘心举白旗，思量之后，他带着一部分残兵向彻斯郡逃去。

这一仗打得十分漂亮，克伦威尔击溃了苏格兰人的入侵，两星期后，英格兰境内已无苏格兰人的踪迹。这的确是一个足以让英格兰人欢欣鼓舞的消息，不过此时高兴还尚早，外患刚刚解决，内忧又开始加剧了。

此时伦敦，各派斗争越来越激烈，全无任何缓和状况。

胜利固然可喜，但并不是所有人都认为克伦威尔是个英雄，克伦威尔成了长老派的眼中钉。长老派逐渐了解了克伦威尔的能耐，他们很清楚苏格兰人根本不是"铁将军"的对手。

因此，长老派将矛头直指克伦威尔，他们希望以最快的速度打倒克伦威尔，免除后患，让自己不用活在担忧之中。

克伦威尔的麻烦来了。为了对付克伦威尔这个大麻烦，长老派用尽了各种招数，有人"揭发"克伦威尔，说他狂妄而有野心、藐视议会法律等等，并且编造了一系列证据。

但在这个政治舞台上并不是只有长老派，他们的死对头独立派立即激烈地谴责长老派反对克伦威尔的所有企图。他们痛斥这样攻击一个不在场的人是卑劣的、怯懦的，而这个人此时正在为拯救国家出生入死地战斗着。

独立派如此激烈的反应是长老派没有预料到的，他们惶恐万分，并且在心中盘算着，如果这样继续攻击克伦威尔势必会招来人民的怨恨，那么，他们将会面对更大的麻烦，他们将不再会有好日子过。出于此种考虑，他们改变了自己的策略，不采用直接手段攻击克伦威尔，而是想尽一切办法要同国王议和，只要把国王扶植起来，那么就再也没有克伦威尔的立足之地了，克伦威尔这个大麻烦也就解决了。

4. 审判国王

查理国王终于快走到末路了。自从他公开解散议会起，他实际上已经在自寻死路，只不过，仍然有些人愿意追随他，让他得到了更多喘息的机会。

7月29日，议会投票同意再次与国王谈判。

8月2日，长老派派出三个委员带着正式的提议去见国王。"长老派"的目的很明显，他们要出卖人们流了许多鲜血才换来的事业，他们要不惜任何代价求和。国王已经成了俘虏，和谈并不在于国王履不履行条约，而是要利用国王的名义和权威来破坏军队，这才是他们唯一的目的。

长老派的算计独立派自然清楚，他们明白如果谈判成功意味着什么。军队既得了权力，就必须运用权力以阻止自身和国家的灭亡。独立派决心在必要的时候伸张正义，决不允许长老派的奸计得逞。

谈判于9月13日开始，持续了四天，国王查理表面上乐于接受和谈，并且答应这四天内及其后二十天中，他绝不做逃走的尝试。

长老派的人极力劝说国王接受他们的条件。他们的内心非常焦急，因为不赶在军队和克伦威尔到达伦敦之前签订和约，把国王迎回伦敦，一旦克伦威尔回来，那么他们将面临最彻底的惨败。

对于长老派的建议，查理表面应允，但这也并不代表他愿意做他们的傀儡。因为，在他的心底还有着另一番打算：在过去六个月中躲在巴黎的奥蒙德快要在爱尔兰重新出现了，他带着法兰西宫廷供给他的军饷和军火。他一到爱尔兰便会同英奇昆勋爵和天主教徒订立和约，以便国王逃走时可以立刻拥有军队。国王的眼前已经出现了一幅蓝图，这才是他内心真正所希冀的。

威廉·霍普金斯爵士奉命安排国王逃走事宜，他接到了国王查理的信件："这次新的和平谈判，同前几次的议和一样，不过又是一次嘲弄他们罢了，我的计划不变。"

9月18日谈判正式开始。国王端坐在大厅上，骄傲的眼光和他惯于哀怨的神色交织在一起。他已经没有了往日的威严，相反他的神态中透露着一股委屈。王族的骄傲决定他不是个愿意低头的人，但是他此时却无力反抗命运，各种复杂的情绪涌上心头，他心中更多的只是无奈。

正当双方开启谈判时，克伦威尔得到密报，国王依然想逃走，并正在秘密组建另一支军队。克伦威尔异常愤怒，他下决心利用军队统领议会并审判国王。

12月6日，军队奉埃尔顿将军之命开始行动。守卫议会的民团被撤去了。士兵占据了议院。

议院周围一片混乱，被排斥的议员试图从各个入口入院，均被士兵挡回。第二天，又有四十多人被阻于议会之外。几天之内共有一百四十三名议员被剥夺议员资格，这样独立派便占据了绝对的优势。不久，一份公文被送到费尔法克斯手中，称为《新人民公约》，这是一篇共和制的计划，是由埃尔顿制订的，请将军开一个军官大会，讨论《新人民公约》，以便由军官们交给议会。而其中第一条就是：废除王权。

几天之后，赫伯特中校来面见查理，告诉国王他奉命立刻送查理往温泽宫。哈里森已经先到那里去了，查理毫不反对，于是很快启程。行进途中，查理要求在巴格肖特停留，在纽伯格勋爵府里进餐。这个勋爵是一个最忠于他的保王党，本来距温泽宫只有半天的路程，但军队并没有拒绝。

事态的发展对查理很不利，但是他仍然很高兴地重新进入他自己的宫殿，诸臣都已准备好欢迎他，同他先前来这里游玩时一样。他觉得，不管怎样，尽情享受一下儿从前的感觉还是不错的，查理却没有想到，自己离死期已经不远。

12月23日，下议院投票要提查理前来受审，并指派一个委员会撰写一篇起诉文字弹劾他。因为国王受审缺乏可以定他罪行的法律，议会先投票决议一条原则，确定国王兴兵打议会即是犯了叛逆大罪。随即由斯科特提出议案，定了一条法令，特设一个一百五十名委员组成的高等审判庭审判国王。

1月8日至1月19日连续举行会议，主席是布雷德肖，是个有名的律师，为人严肃。但当时的舆论仍然矛盾重重，致使只有五十八个委员参加了预备会。

克伦威尔的态度异常坚决，因为他已经对国王不再抱有任何的幻想，他清楚地看到，对国王的审判势在必行，不能给其丝毫的喘息，否则所做的一切努力将会付诸东流。

许多人，其中以费尔法克斯为首，认为这时候问题已经解决，对国王的处理应该慎重。

看到这些人犹豫不决，克伦威尔大声疾呼："我告诉你们，我们应该把戴着王冠的头颅割下来。"这也是克伦威尔最迫切的心声。不管未来形势将会怎样，但目前，查理这个大麻烦成了亟待解决的头等大事。

议会投票决定，命令国王在1月20日出席威斯敏斯特大厅的法庭会议，而下议院议员们也已经派一个委员会去清理各宫殿、堡垒及国王的行宫，把所有的家具等开列准确的清单，从此以后变作议会的财产。由此，国王最后的威严已经瓦解。他的气焰已经再也无法燃烧起来。

温泽行宫，镇守官怀特告诉查理，再过几天他将被送去伦敦。查理表面上故作平和，内心惶恐不安，他也曾听到传言，说爱尔兰已经答应迅速前来救他，他便以此自慰，渴望着那最后渺茫的一线生机。

1月1日，哈里森奉命率骑兵队来到温泽宫带走国王，几个小时后便回到了伦敦。还是同一个地方，还是同一个人，国王却已经失去了他最重要的东西：权力与尊严。

1月20日中午时分，克伦威尔站在窗前，神色庄重地等待着查理。他对在场的议员们说："我们现在要做全国人都将心满意足的一件伟大的工作，所以我请诸位先考虑一下儿：他一见到我们，第一个问题一定问我们根据什么审判他，我们该如何回答？"此时的克伦威尔，像一个伟大的领袖一般，主持着整个审判国王的会议。

一位议员指出，要以下议院和议会的联合名义，以英国的全体善良人民的名义来审判国王。

于是法庭全体法官庄严地排好次序向威斯敏斯特大厅走去。一切就绪后便打开院门，群众蜂拥而入。恢复肃静之后，法官宣读了特别法庭的授权法令，接着点名，有六十九个法官出庭，这时布雷德肖说道："警卫官，带囚犯上堂！"

国王上堂，他步伐坚定，神态严肃地看着法官席。全场悄然无声，人们都等待着看这位昔日威风凛凛的国王的下场。

布雷德肖站起来说："查理·斯图亚特，英格兰的国王，英格兰的下议院议员们在此议会聚集，鉴于国内血漫大地，你实在是罪魁祸首，因此议会决定审判你，成立这个特别法庭，检察长将宣读议会控告你的罪状。"

国王手杖的头忽然落了下来，他的仆人离他较远，他只好自己弯腰捡起来，重新坐好。

苛政、战争、经济发展滞后等各种罪责都被归结在了查理的身上。查理坐着听，很安静地向四面看看，像一个神圣的殉难的圣徒，有时看法官们，有时看群众，带着好奇而满不在乎的神气。这是他最后的威严，他就算丢掉一切，也不会丢掉他天生贵族的体面。

检察长说："查理·斯图亚特是个暴君、叛逆、杀人凶手。"查理听着，依旧保持着微笑，就仿佛和曾经在聆听大臣们的发言一样，一切悉如往常，没有半分惧色。

库克讲完后，布雷德肖对国王说："你已经听见控诉词了，本庭等待你的答话。"

国王昂起头，靠在椅背上："我要知道你们凭什么理由传我到这里来，我说的是合法权威，我要先了解这一点，才好答复。"

"法庭是以国人的名义传你来，要你答复，你若不承认本法庭的审判权，我必须使你明白，本法庭驳回你的否认。你必须辩诉，否则，以认罪处理。"检察官十分坚定地说。

国王依旧从容应答，他据理力争地说明了自己的王位是世袭得来，根本不是由人民选举，因此，检察官以上的陈述也就是错误的。

查理的辩词太多，检察官已经听得不耐烦了，他不想再给查理以狡辩的机会。

"法庭已经听见你说的话了，将来就按照法官们的命令处理你。把犯人带走，法庭休庭，下星期一再开庭。"

法官们退庭。

查理站了起来，看到了放在桌上的那把剑，他用手杖指着那把剑说："我并不怕这件东西。"

围观的群众欢呼高喊着："秉公审判！秉公审判！"

星期一开庭，有六十二位法官出席，双方又同前一次一样，讨论权威问题各执一词，互不相让。最后，查理成功地激怒了检察官，而检察官则又一次让国王闭嘴，并严格执行议会的决定。

查理很从容地转过身，边走边对群众说："请你们记住，英格兰的国王受苦难了，议会不许国王为人民的自由而说出他的理由。"他说这话的时候，的确有一种气势。

查理很善于鼓动人心，或许真的是他的话起到了一定作用，有人在人群中喊："上帝拯救国王。"而士兵们却高呼着："执行法律，杀头。"第三次审判是在1月23日，情景还是同过去一样。但全国及欧洲大陆都在关注着这场审判，若是久悬不决，就会越拖越棘手，越不利于议会。

因此，议会必须尽快地解决查理这个大麻烦，于是他们收集了三十三个证人的证词，并决定再提国王受审时，只要他到法庭来，就当庭宣判。国王查理在这世界上多喘息一秒，他们的心就没办法安稳下来。

议会25日投票决定：判定国王犯有暴君、叛逆、杀人犯、国家敌人的罪名。

27日中午，法庭再次开庭。

这一次，国王同之前大不一样了，一次又一次的审判，消耗掉了他的自信，国王已经没有最初那样从容了。

检察官开始郑重地对造成弊政和内乱的直接责任者查理的累累罪行进行控诉。布雷德肖所讲的话严厉、辛辣，却又符合基督教旨，不带侮辱意味，显然是源于一种深刻的信念。

国王也一样严肃，但显然露出极度的不安，他再也不能从容镇定了。布雷德肖刚一讲完，国王就试图说话，但布雷德肖打断了他的讲话，命令书记员读判决书。读完之后，他说："现在所宣读的及公布的判决书就是整个法庭的判决。"于是全体出庭法官一齐起立，表示同意。

国王像遭到了突然的重大打击似的，当他再度提出要求时，却远没有从前那样自负了。国王还想说些什么，但是已经没有人再给他这样的机会了。

这时候许多卫兵围住他，把他从犯人席上带出大厅门口。人们还是喊着："执法，杀头！"

"上帝拯救陛下"的声音也还是会出现，只不过声音弱得不大能听得见了。

查理终于没有机会进行他的最后陈述。

国王查理在回到卧室后已经恢复了他素常的平静，对贴身臣仆告知了自己最后的请求，除了自己的孩子，谁都不想见。那是查理人生最后一个夜晚，在被剥落了权力的外衣之后，他成了一个慈爱的父亲，他对自己的孩子殷切嘱托之后，便静静地等待着黎明。

第二天一早，埃尔顿和哈里森还未起来，克伦威尔、哈克·亨克斯、阿克斯特尔及费尔法克斯等就已在会商，起草最后一个命令：命刽子手行刑。

克伦威尔对亨克斯说："上校，应该是你写这道命令，写完就签字。"亨克斯不知何故固执地拒绝。阿克斯特尔说："亨克斯上校，我替你难为情，这条船现在正在进港，在未下船之前，难道你就要收篷吗？"克伦威尔坐了下来，写了命令交与亨克斯上校，上校顺手就在上面签了字。

在熟睡四个小时之后，查理起来了。他在梳妆台那儿坐下，他多穿了一件衬衫，并对仆人解释说天气太冷，会冷得让人发抖，人们或许会误会他害怕，他不愿给人们这种误会。他不怕死，所以，就算是死，他也要带着国王的尊严。

快到10点钟时有人敲门，请查理前往白厅去休息。白厅里已经排列着好几营步兵，成双行立在他所走的路两旁。一小队执戟的士兵在前面走过，旗帜飘扬，锣鼓，很响，噪音中听不见人声。

国王的右边是主教，左边是免冠的汤林森上校，他是卫队的统领。查理在路上同上校谈自己的丧事及他意欲委托谁为他办理丧事。查理神态安详，步履坚定，十分从容，远不像是要走向末路，倒像是要去赴一场盛宴。

到了白厅，国王的脚步轻轻地登上台阶，经过长廊，走入他的寝宫。只有他同主教在里面，主教准备行圣餐礼。国王跪下，从主教手上领受了圣餐，随即愉快地站了起来，他简单地吃了一点儿。

查理穿过宴会厅向前走，两旁仍是双排的卫兵，有许多群众站在卫队后面，一动不动盯着查理。国王走过时，他们为他祈祷。在大厅的尽头，墙上开了一个口子，从那里走出去，就是断头台，刑具都用黑布盖着。有两个膀大腰圆身着水手装的人，戴着面具，站在刑具旁边。

查理走出来，他的头挺得直直的，四边看看，想对人们说说话，但到处都塞满了军人，不能够走近。

查理对身边的人进行了一篇很短的讲话，讲得很从容，而且冷静。讲话的唯一主旨就是表明他的行动是正确的，人民不幸的真正原因是藐视国王的权力，人民不该享有参与政治的权利，只有这样国家才能恢复和平和自由。说完之后查理便从容地走向了台前，不到一分钟，查理伸出两手，刽子手手起斧落，一斧就把国王的头颅砍了下来。国王的人生就此停步了，刽子手高举起查理的头，给群众看："这是一个叛国者的头。"围观的人们长叹了一声，声音深而且长，周围格外沉寂。

不一会儿，有两队骑兵分路向前，驱散了群众，断头台已经挪走了，尸身也挪走了。就这样，一个曾经无限风光的君主，生命就此终结。

克伦威尔要看看尸身，它已经放在棺里，还未上盖。他集中注意力看着，还举举那颗首级，好像在证实是否已经身首分离。他叹息了一声："这是一个很结实的身躯，原有长命的希望的。"他的叹息声中，并未见得太多胜利的喜悦，而是冗长的无奈。

查理的灵柩摆在白厅七天，只有少数人可以进去观看。

2月9日，一道命令通过："本院根据经验，认为本国不需要有一个国王的职位，而且觉得这样的国王完全成为负担，有害于本国人民的自由、安全和公益，因此特宣布废除国王制度，另铸一个国玺，正面刻着英格兰和爱尔兰地图附两国国徽；反面刻着正在开议的下议院的印文，印文曰：上帝赐福恢复的第一个自由年1648年。"

由此，英国的封建君主专制在历史上告一段落。即将开启的，是护国主克伦威尔的时代。

第七章　平乱

1. 汤姆逊起义

封建君主国及其君主从英格兰消失了，人们兴高采烈地重新加入了一个"共和国"。但这是个怎样的共和国呢？没有人知道共和国究竟是个什么东西，在他们心中打破旧的压迫就是好的。多数人都沉浸在这种以新换旧的兴奋中，盲目开怀。

王权废除，上议院取消，英格兰的一院制共和国格局基本确定了下来，一场表演匆匆结束，但是斗争却远没有结束，新的剧幕又缓缓拉开。

1649年2月17日，新创建的议会举行第一次会议，在讨论前一时期审判国王、废除王权和取消上议院的重大政治行动时产生了很大分歧。新组建的政府中各阶层的利益纷争也错综复杂，因此也就会出现不同的观点，如此，新的混乱与纷争也就开始了。

在处死国王之后，共同的敌人被打倒了，各种政治势力便各自打起小算盘，为了对付国王临时组织起来的利益共同体四分五裂。在政治舞台上，没有永远的朋友，也没有永远的敌人，在他们心中唯一明确且清晰的，是他们自己的利益。

这一边，各派竞争激烈，却也有人因此而暗喜，那些隐藏着的王党分子、失势的贵族及顽固的长老派分子，都在偷偷看笑话，他们盼望混乱和事端出现，好在其中寻找可乘之机。

国务会议中的分歧愈演愈烈，在这危急时刻，克伦威尔亲自出面，多方斡旋，协调各方利益，最后达成协议。持异议者做出保证：在未来，他们将忠于共和政体，为下议院服务。

查理国王死后不久，英国出现了一本冒充查理日记的小册子，叫《王政偶像书》。这本小册子中节录了查理生前的一些思想及言谈，并且美化国王。在新生的共和国还不稳定的时候，这本小册子的广泛流传，无疑是一种威胁。

小册子的确具有一定的煽动力，但真实发生过的历史却永远无法遮掩，再美的笔触也无法掩藏国王丑恶的行径。英国杰出的诗人、共和思想的笃信者约翰·弥尔顿回敬了一本叫《偶像破坏者》的书。书中提到："在一个民族获得了这样顺利的解放以后，在反对暴君时表现了如此刚毅和勇敢的精神之后，还要去寻找这样一个狂妄的国王，那无疑说明这伙人是如何奴隶成性，下贱得像牲畜，他们不配享受大声疾呼的自由，只适宜于被领回到原来受奴役的地位中去。"

英国进步人士都意识到，经历了长期而痛苦的内战之后，英国君主专制政体的废墟上建起共和国实属不易，虽然其有着一定的局限性，但是和封建君主制相比，还是前进了一步。

不过，另一些问题依然存在，掌控新体制的新贵们正自诩"英格兰自由的保护者"，丝毫不顾人民的死活，强迫人民维持四万人的军队交纳新保税。原长老派对付人民的办法，现在轮到他们来用了，那些对他们不顺从的人民在他们的眼中成了害群之马。

这时候，人民才恍然大悟，他们送走了一个绝对权威的国王，却迎来了一个新的强硬军队。该为胜利欢呼的只应当是那些新掌权的权贵们，而根本不该是他们。这样的现实摆在眼前，使得他们不由得茫然：人民，不过是一轮轮政治变革中的棋子。

新贵们的所作所为，使得平等派警觉起来。在平等派领袖李尔本眼中，如此专横统治和之前君主专制没什么区别。1649年二三月间，李尔本发表了《英格兰的新枷锁》。

这本书的出现，无疑是对共和国独立派的严重挑衅，也是对军队高级将领的致命威胁。平等派和国王旧统治完全不同，国王的暴政人民深恶痛绝，但是平等派却打着为了人民的旗号，因此，新贵们对此举动难免恐慌，他们要尽快解决李尔本。

3月底，国会通过特别决议，宣布李尔本以小册子煽动民众、破坏政府，犯有"叛国罪"。

克伦威尔对平等派的态度非常明确，为了能够稳住政权，就一定要消灭平等派。在过去，克伦威尔对平等派较为谨慎的目的是为了安抚和争取他们同独立派一起反对国王、王党和长老派，也曾同意采纳《人民公约》，但那都只是权宜之计。在得知李尔本写出《英格兰的新枷锁》一书之后，他对国会大喊："我告诉你们，对付这些人，除了把他们砸个粉碎外，没有别的办法。让我对你们说实话吧，如果你不制伏他们，他们就要制伏你……从而使你们这么多年来孜孜以求、费尽心力、处心积虑所做的工作全部落空。"

在政治斗争中，克伦威尔从来不会手软。4月初，他把李尔本及奥弗顿、沃尔温等人逮捕起来，并押在伦敦塔。事情并不会这样简单，牢狱只能短暂地控制住平等派的领袖，却不能真正地"制伏他们"。

令克伦威尔没有想到的是，竟然有一万人签名要求释放李尔本。同时要求人民行动起来谋求自由的传单，也开始在街头广泛流传，骚动和抗议也出现了。这的确是一股不可小觑的力量。

4月24日，伦敦市布尔旅店门前聚集着奉命调离但抗命不从的一个大分队的士兵。他们从住在旅店的骑兵那里取来了平等派的标记——浅绿色绶带佩戴在身上。费尔法克斯和克伦威尔闻讯赶来，立即逮捕了为首的十五个人，交付审判。其中不得不提的是，一名服役七年、颇有才华、深受人们爱戴的二十三岁的骑兵洛基叶，被判死刑。

洛基叶临刑时对在场的士兵说："但愿我的死不至于吓倒你们，恰恰相反，希望它能鼓励你们，因为从来没有一个人像我这样视死如归。"

洛基叶被执行死刑后，骚乱不断。4月29日，人们在伦敦举行了大规模的游行，首都有近万人送葬，洛基叶的出殡仪式变成了平等派拥护者的政治示威。人们都戴着平等派的标记——浅绿色的绶带，表示对平等派的支持。这不是一般的送葬，而是对国会的抗议，对军队中独立派显贵的示威。

克伦威尔向来以其严厉的军法著称，但是，军法和规则只能约束他的部队，并不能止住广大平等派士兵捍卫他们事业的决心，也难以压制人民心中激荡起来的热血。

5月份，议会军另外几个团队起义，起义的领导者叫威廉·汤姆逊，他要为死去的战友洛基叶报仇，他们要求全面实行《人民公约》，并扬言：谁如果动塔狱里的李尔本一根毫毛，必将受到报复。

平等派的力量就如同地震一般，此起彼伏。得到汤姆逊上尉起义的消息后，克伦威尔大怒，他思量一番，就立刻亲率两个骑兵团和三个步兵团共约四千人的兵力，与费尔法克斯一起前往镇压。这也是当前最简单有效的方法。

克伦威尔向来行军神速，5月14日晚，克伦威尔的大部分士兵已来到了叫贝尔福特的地方，对在那里宿营的一千五百名平等派士兵发起了偷袭。起义士兵仓促应战，尽管意志顽强，但终因寡不敌众，放下了武器。四百人做了俘虏，其余的逃散了。领袖汤姆逊带着两百来名士兵突出重围。

得知汤姆逊成功逃脱，克伦威尔立即派巴特勒少校带领精锐骑兵去追击，他绝不会轻易放过漏网之鱼，并且是条大鱼。巴特勒包围了诺桑普顿，俘虏了许多人。汤姆逊身受重伤，仍冲杀出去，但在逃往附近树林里的时候被巴特勒的士兵追上了。

汤姆逊是一个地道的革命者，具有不怕牺牲的精神，即使面对死亡，他也没有任何投降的表现，而是继续抵抗。这块硬骨头击倒了一名队长，打伤了另一名追兵，自己也被两颗子弹打伤。当追兵再次逼近时，他已无路可退，而他的神色中没有半点恐惧，他振臂高呼："退缩就是可耻！"话音刚落，他便牺牲了，那一天是5月17日。

汤姆逊起义被镇压了下去，所有被俘的汤姆逊部下都被关押在贝尔福特教堂里，受到了军事法庭的审判。不屈服和拒绝悔改者被判处死刑。

卡莱尔为之悲怆地说："就这样，平等派的下士们死去了，他们是坚强的，为了英格兰的自由权利，决心追随他们的同道直到生命的最后一刻。"

2. 黑暗的屠杀

政治的舞台从来没有感动的眼泪，下士们的英勇和无畏固然令人感动，但他们的英勇行为并不能改变历史。

各地的平等派起义，都被无情地镇压了下去。一场风波停了下来，英国上层人士悬着的心也都落下了，在他们的心中危险已经与平等派画上了等号，平等派被镇压了，他们的危险也就跟着消除了。

当然，镇压平等派的功劳要归功于我们英勇的"铁将军"克伦威尔，议会宣布给克伦威尔以"公开嘉奖"，以褒扬其"卫国之功"。牛津大学也聘请他为该校的名誉教授。

克伦威尔成功地转型为辉煌的功臣，令人诧异的是，那些一直对"劫君者"仇恨无比的伦敦商业区的大亨们，现在也为克伦威尔的行为所感动，大摆筵宴，表示敬意，并将许多金银器皿等珍贵礼物赠给了他。

至此，克伦威尔的权势确立了起来。军事上粉碎了平等派，给克伦威尔以行动的自由，伦敦商业区对共和国，尤其是军队的奖励明显增加。这样一来，克伦威尔可以认真地考虑爱尔兰问题了。要知道，那可是块富庶的土地。随后他们进行了紧张的远征准备工作。

这是一场利益之争，并不单单靠士兵的热情就能完成。伦敦的大亨们积极支持这次远征，先后集资筹款二十七万英镑。

粉碎保王派颠覆共和政权的阴谋；掠夺爱尔兰土地，使之变成自己发财致富的殖民地，这正是独立派这次远征的目的。此时的独立派，克伦威尔已变成最重要的人物。

"铁将军"克伦威尔的威望处在上升时期，在他的领导下，军队也所向无敌。同克伦威尔领导的军队相比，爱尔兰就显得相当弱小了。

　　3月，国会任命克伦威尔为这次远征军总司令兼爱尔兰总督。经过五个多月的准备，8月13日，他率领由一百三十艘军舰、运输舰和商船组成的庞大船队，载着士兵和大炮、弹药、粮食，扬帆渡海，直驶爱尔兰。

　　15日，克伦威尔率军在爱尔兰的都柏林附近登陆后，立即引兵北上，向沿海军事重镇德罗赫达前进，从此开始了他一生中最为血腥黑暗的时期。9月3日，德罗赫达被围。9月11日，英军发起总攻。

　　两军对垒，却力量悬殊，一方面克伦威尔大军骁勇善战，另一方面爱尔兰的士兵组织散乱，力量分散，因此他们根本不是克伦威尔的对手。

　　德罗赫达城下杀声震天，守城的爱尔兰军民与攻城的英军正进行着一场殊死的战斗。可是，不管爱尔兰人民有多么大的愤恨，他们的力量始终是薄弱的，难以抵挡大军的强压，落败已经成定局，英军破城而入，残余的守军退据在附近的教堂和山冈上。

　　克伦威尔要求他们投降，但是爱尔兰人拒绝投降。最后，克伦威尔下了命令：凡手持武器的抵抗者，格杀勿论。也正是因为这一道命令，惨剧发生了，三千名守城的爱尔兰官兵几乎全部战死。血腥中掺杂的痛苦的嘶喊浸染了整座城。但对于英格兰的军队来说，这是他们胜利的"号角"。

克伦威尔在给议会的报告中说："我不准士兵宽恕城中任何武装人员。我估计，这天晚上，有不下两千人做了刀下之鬼。"他的表情十分严肃，他的手段如此残酷，像极了一个肃杀的帝王。

这种必要的手段是为了取得胜利，而糟糕的是，嗜杀成性的士兵得到了司令的纵容，连城市中的平民也不放过，特别是对天主教的牧师，头颅都被砸碎了。这样的手段，的确惨无人道。

英国军队总共才损失了六十四人，不难看出，德罗赫达一役不是什么打仗，而纯粹是一场屠杀。而真正的刽子手不是这些士兵，而是克伦威尔。

德罗赫达战役后，克伦威尔挥兵南下，袭取另一个沿海城市韦克斯福德。在那里，惨剧又一次上演，在韦克斯福德大街和广场上，被杀死的就有两千人。如此大肆屠杀，让罗斯等城市相继投降。

到1649年底，爱尔兰东部和东南部都被英军占领。但是，克伦威尔在向爱尔兰的内地推进时，遭到极大的阻碍。爱尔兰人利用山地和沼泽等有利的地形，广泛开展游击战，给英军以沉重打击。

为了征服爱尔兰，英军使用了一切手段，大量毁坏庄稼，造成饥荒；使用离间手法制造对方的内部矛盾，削弱爱尔兰人的斗志。爱尔兰的居民死去三分之一。成千上万的爱尔兰人"自愿"地离开了祖国，到波兰、法国和西班牙当雇佣兵。

物极必反，克伦威尔一路打胜仗，却没有想到接下来会栽跟头。克伦威尔遭遇了军事生涯中最大的惨败。克朗梅耳战役中，爱尔兰人诱敌深入，重挫了英国军队。

根据《爱尔兰处理法案》，所有被俘爱尔兰人的土地大部分被没收。而用这种办法腾出的土地，则可以满足国家的债权人和军队的需求。许多士兵由于无钱筹办私人农场，而把他们手中掌握的有权在爱尔兰获得份地的"债券"卖给了军官们。就这样，军队上层分子与伦敦的大亨们一道攫得被没收的土地，成了英格兰新的大地主阶级，而这正是日后克伦威尔政权最有力的支柱。

在战争中，克伦威尔的收获颇多，当然，获益的不仅仅是他一个人，而是整个英格兰。因此，这位爱尔兰人民眼中的魔鬼，也就自然而然地被英格兰人民奉为了英雄。

克伦威尔胜利归来，议会把他称作"古今最英明和最优秀的领袖之一"。英国伦敦商业区热烈地欢迎他们威武的将军回到伦敦。但欢迎尚未停息，克伦威尔又远征苏格兰，因为，苏格兰出现了新问题。

3. 苦战

历史的舞台上，从来都不会缺少政治斗争。每一个派别、每一种力量都想在历史上演上一段作为主角的精彩好戏，而配角们也伺机而动，随时准备拿下主角的位置。

查理一世被处死之后，流亡在荷兰的查理一世的长子威尔士亲王便宣布称王，为查理二世。

1649年3月，苏格兰派特使前往荷兰，同查理二世进行频繁的谈判。苏格兰人提出下列要求，作为帮助他恢复王位的条件：接受1643年苏格兰与英格兰订立的《庄严的同盟和圣约》；承认他父亲是个专制的暴君。而查理二世对苏格兰人的条件没有作明确的答复，谈判拖延了下来。

爱尔兰被克伦威尔夷为平地后，查理二世意识到复辟的愿望只能靠苏格兰人的支持来实现了。

王位是一个极大的诱惑，为了爬上王位，查理二世与苏格兰人签订了《布列达协定》，于是，一个新的阴谋开始实施。6月初，查理二世来到了苏格兰，国会组成了一支两万六千人的军队，戴维·雷士里任总司令，矛头直指英格兰。

英格兰的国务会议早已注意到了这一切，当时他们的主力还在对付爱尔兰，不能轻易分神应对苏格兰，因为稍有不慎，很有可能双手失利。而苏格兰与查理二世在《布列达协定》签订后，形势对英格兰已经刻不容缓，与此同时爱尔兰的军事行动暂告一段落，于是议会立即召克伦威尔返回伦敦，并于凯旋不久后的6月26日，任命他为"共和国武装部队总司令"，弗利特伍德和兰伯特为副总司令。7月初，克伦威尔带着一万六千名远征军进入苏格兰国境。

此次对战，称得上是高手对决。克伦威尔的能耐自不必说，与之对战的雷士里是位军事将才，并不逊于克伦威尔，他经过各方面细致的分析后，拟定了对付克伦威尔大军的对策。

六年前的马斯顿荒原之役中，他同克伦威尔密切配合，战功卓著。他知己知彼，用兵谨慎，十分清楚自己的军队虽然在数量上占优，但在装备上都远为落后，因此不能同英格兰军正面交锋。他认为时间、气候、供给上的困难，将使英格兰军疲惫不堪，苏格兰应充分利用地形，用小股兵力消耗对手有生力量，以此来拖垮英格兰军，获取胜利。

克伦威尔当然不是庸才，他也十分了解与苏格兰作战自身的劣势，因此，若是想降低军队的消耗，只有速战速决，但苏格兰人始终坚持躲在山里，从不进行正面对抗。

更糟糕的是，爱丁堡防守太过严密，无奈之下，克伦威尔只能等待更大批的援兵。他带领军队退到了邓巴尔。

这样，就算没有损兵折将，也大大折损了军队的士气，士兵斗志低落。屋漏偏逢连夜雨，有消息传来，克伦威尔同英国联系的唯一道路被苏格兰人截断了，这也就意味着，他们将孤立无援。

粮食消耗殆尽，越来越多的英格兰士兵因为饥饿和疾病死亡，士兵们接近绝望。克伦威尔本人也是一样，各种信息都已经向他传达着失败的可能，他悲伤地想："我们正处于非常困难的交战状态之中，除非出现奇迹，否则我们无法穿越他们控制的山冈。"

克伦威尔已成瓮中之鳖，这是雷士里军队中苏格兰长老派牧师们的一致看法，他们都曾吃过这位"铁将军"的苦头，他们巴不得立刻捉住他，将他送入坟墓。眼见着胜利在望，他们便催促雷士里出兵。雷士里开始有些迟疑，但是见大家态度一致，他也觉得时机已到，也想品尝一下儿胜利的滋味，并且打败的是克伦威尔，无论从自身地位还是两国形势来看，这都让人兴奋不已。9月2日，雷士里传令，当天夜里全体士兵，从山上下到平地，堵住英军出海的道路，并准备于第二天早晨发起进攻，一举消灭克伦威尔的部队。

事实上，如果苏格兰军按照原定的作战方案坚持下去的话，被困的英格兰军命运堪忧，或许，自此雷士里会取代克伦威尔的威名。

苏格兰人下山的消息让克伦威尔眼睛一亮，他在绝境中看到了生机。克伦威尔是个不折不扣的军事天才，他懂得四两拨千斤的道理，他能够抓住敌人最微小的失误而给敌人以最致命的打击。

经过一番周密的分析，克伦威尔发现苏格兰军队队伍庞大，兵力众多，但背靠大山，夹在山与海之间的狭长地带，首尾难顾。

对苏格兰军的整体进行了全面细致的分析之后，克伦威尔立刻召开作战会议，进攻计划很快出炉，他们佯装要进攻左翼，却在夜幕掩盖下重新部署了自己进攻苏格兰人右翼的主要力量，并决定在拂晓前出击。整个计划从酝酿形成到行军部署都非常迅速，显然，任何的消耗，都不会消耗掉军队的智慧和军人的本性。

夜里,大雨滂沱,克伦威尔冒雨巡视团队,观察敌人的阵地。在一支火炬的照耀下,他骑着一匹苏格兰小马,紧咬着嘴唇,鲜血流向下颌。在克伦威尔的眼中这已经不是一次普通的作战,而是一次生与死的严酷抉择。

　　本以为胜利在握的苏格兰人,看到克伦威尔调兵之时,以为战争马上会开始,他们将可以痛快地打一场漂亮的胜仗。可就在他们做好准备全力应战之时,克伦威尔却一拖再拖不肯出击。也许是胆小的英格兰军不敢出击,苏格兰人肆意地猜想着各种可能性,却完全没有想到他们即将面临一场惨痛的失败。

　　苏格兰人紧张的情绪刚放松,克伦威尔便命右翼骑兵迅速进攻。苏格兰人很快摆开队形,而战士们也如他们最初臆想的一样"顺利",他们很容易地就打退了克伦威尔骑兵的进攻。就在他们刚刚要为胜利欢呼时却发现,克伦威尔亲自带着一支骁勇的骑兵后备队,冲出了战场,迂回到苏格兰军的右后方,霎时,战局改观了。

　　苏格兰军见此情况便慌乱了起来,而此时英军的步兵也重新投入了战斗,从正面发起猛烈的进攻。苏格兰的左翼根本来不及支援,进退两难之中反倒成了英格兰军的瓮中之鳖,很快便溃不成军。

　　这场对决仅仅持续了一个小时,很快,战斗宣告结束,英格兰军完胜。雷士里的军队损失惨重,苏格兰军队三千人被击毙,一万人被俘。

　　第二天,太阳从海上升起,克伦威尔带领着自己的铁骑军迎接这个属于他们的晨曦，他以压倒一切的声调高呼："上帝升起来了！他的敌人溃散了！"此时的克伦威尔俨然成了士兵们眼中的一尊神，绝境之后的克伦威尔更显神武。

这一战打得十分漂亮，在一场原本将要失败的战争中，克伦威尔以牺牲二十个士兵的代价获取了完全的胜利，他激动地将这一战事报告给了国会："我几乎不能相信自己只损失了二十人，到写信时为止，还没有发现一个军官死亡。"

在经历了绝境的考验之后，克伦威尔获得了重生，他的军队更是士气高涨，他们更加信任克伦威尔——这个如有神助的将军。克伦威尔带着铁骑军乘胜前进，占领爱丁堡。到年底时整个苏格兰的平原地带均被英格兰的军队占领。

4. 针锋相对

克伦威尔战功赫赫，任何敌人在他的铁骑下都将被粉碎，他曾说："假如我再年轻十岁，我会叫欧洲所有的国王发抖。"从古至今，这世界上能够说出此话的又有几人呢！足以看出他的英雄气魄。

与苏格兰的战役，远不如爱尔兰那样容易，这是一场持久的苦战。克伦威尔虽然取得了登巴战役的胜利，但处境仍然十分困难，部队的粮食军火问题并未解决，饥饿和疾病严重地袭击着广大士兵。

登巴战役的失败，让苏格兰长老派又愤怒又恐惧，他们不会就此善罢甘休，失败使他们团结得更紧密。英格兰境内各地保王党人发动叛乱，妄图与苏格兰人里应外合颠覆共和政权。1651年1月1日，苏格兰国会在斯康为查理二世举行了盛大的加冕典礼，并推举他担任苏格兰军队的统帅。查理二世怀着强烈的复仇心理和复辟希望，迅速重建并亲自率领一支两万人的队伍向南进发。

此时，克伦威尔患了严重的疟疾，他也不得不暂停了一些军事行动。

度过严冬之后，克伦威尔觉得身体恢复了，战斗再次打响。他要对付的敌人依然是雷士里，上一次的惨败让他吸取了教训，这一次雷士里聪明多了，他采取了防御策略，以便将克伦威尔诱进荒凉的地区，将其困死。

这一次，克伦威尔决定铤而走险。他为了从北面包抄雷士里，给雷士里敞开了通向南方英国边境的道路，而这的确是苏格兰人一直非常期待的。

这样一来，查理二世统率的苏格兰军向英格兰纵深猛扑，遇到为数不多部队的轻微抵抗。苏格兰人尝到了胜利的甜头，他们建议查理二世直捣伦敦。正当查理二世开始以为自己战无不胜时，在任斯特附近克伦威尔的大军挡住了正在向南挺进的苏格兰军队。

1651年9月3日，两军在任斯特进行了决定性的会战。

克伦威尔自己率领四个精选的团队，从右翼进攻。这两支大军向北横扫，歼灭隐蔽在城郊工事里的敌人，强攻三个多小时，破城而入。

战斗结束，苏格兰军队副统帅雷士里和拉纳克为首的全部军官都成为阶下囚，苏格兰军三千人死亡，九千人被俘。查理二世在败局已定之际潜逃。

任斯特战役中，苏格兰军的主力被全歼，英军趁势连续攻克苏格兰境内尚在顽抗的地区。第二年5月，叛乱被全部平定，英格兰取得了全面胜利。武装复辟的浪潮被镇压，英格兰共和国基本上解除了外来颠覆的威胁。

9月17日，克伦威尔凯旋，首都为他举行了空前隆重的欢迎仪式，那是使许多人回忆起古罗马征服者凯旋时的仪式，克伦威尔的声威达到了顶点。这一次，克伦威尔成了不折不扣的战神。经过了长期的苦战，又取得了如此卓越的功勋，他的收获也是丰厚的。

他得到了议会的新礼物：除早先已经归他使用的怀特浩宫外，现在又把国王的夏宫汉普顿宫连同附近的一所美丽的公园加赠给他，还奖给他四百五十英镑的年金。外国的使节也竞相攀附这个全能将军。大部分请愿书现在不是寄往国会，而是直接寄给克伦威尔。

克伦威尔既有的权力臻于极盛。基于种种因素，也就有人预测：克伦威尔不久会给自己戴上王冠。当然，这种推测也在情理之中。但推测最终成为现实吗？事情真正的走向会如何呢？

第八章　登上宝座

1. 暴怒

　　克伦威尔在英格兰的地位已经不可动摇，没人敢怀疑他的能力，更没有人敢怀疑他做的事。克伦威尔杀了一个查理，废了一个王朝，可是许多事儿轮到他头上，也绝不是那么容易对付的，幸好他比查理多了一点儿东西——他手中的军队。克伦威尔所向无敌的军队使英格兰共和国变得稳固起来。1650年，西班牙正式承认了英格兰共和国，过了两年，法国也承认了。

　　登巴战役之后，克伦威尔曾呼吁议会进行改革："在战争时期上帝借助议会完成了大业，在和平时期民众期待议会继续成就大业。请减轻一些他们的负担，倾听一个英国不幸囚徒的呻吟，消除各阶层的弊端。如果为了少数人发财致富而让多数人破产，那是与共和国理念不相称的。"

　　但是"残缺国会"对于克伦威尔的要求根本没有放在眼里，它颁布的许多法律正是为了尽量促进和加速"多数人破产以使少数人发财"。

　　一个士兵对此这样写道："在国王统治下的蒙害受损，和在自由英格兰管理员统治下的蒙害受损，实际上是一样的，都坚持着同样的东西，那就是：执法中的腐败、什一税的三倍追索、信仰事务中的迫害以及对穷人的暴戾。"

而议会的成员们，则只为自我及其小集团利益而投票。共和国完全蔑视农民的利益，什一税并未被取消，法制混乱、奸商四起，到处都呈现无序的景象。

国会如此无序的统治，人民自然不会任其发展，首先起来发难的是军队。1652年8月，以兰伯特为首的军官集团递呈了一份请愿书，其中，除了要求改革法制、消除弊政、保障复员军人和失业者的新生活以及有关宗教事宜等项条款之外，还要求加紧拟订国会新代表的选举法案。

在强大的呼声下，国会接受了请愿书，却仅仅限于将这份请愿书交给一位委员去审议，便没了下文。如此敷衍了事，其行径并没有好过之前的暴君。

克伦威尔当然也不能容忍这一切，他巧妙地利用群众的情绪，为实现个人独裁创造条件，坚持国会必须改革。

最终，国会以两票的多数通过了三年后自行解散的决议，至于新国会的选举问题，在克伦威尔倡议下，双方领导人于10月份内举行了十二次私下会谈，但都无法达成协议。国会的举动将军队激怒了。

1653年1月，军队中的国会反对派领导人四处游说，要求立即解散国会。3月，军官委员会通过决议封锁国会大门，驱逐议员。在克伦威尔的调解下，这个决议没有付诸实施。4月，国会迫于形势不得不在小亨利·温主持下草拟出一份新的选举法案。据此，现任议员不被取消资格，继续参加到新国会中，而且还由他们组成复审委员会来确定新当选者的合法性。这项无限期延续现存国会权力的方案，军方必定强烈反对。可是，为了维护国内的稳定，克伦威尔仍努力谋求妥协。

4月19日，也就是国会决定通过新方案的前夕，克伦威尔在白厅召开双方领导人参加的会议。在会上，军方坚持认为，倾向性如此鲜明的新方案不能予以通过，国会方面则认为军方的规划充满危险。

国会与军方针锋相对，事件迟迟没有得到解决。克伦威尔提出了他的折中方案：由国会指派一个人数有限的委员会充任过渡性的政府机构，以便使某种较好的体制得以完善地建立起来。这个方案没有得到与会者的完全同意，但双方一致决定将国会新方案暂且搁置，第二天再行商谈。

对于克伦威尔的建议，国会的议员们仍然存有诸多意见，他们得寸进尺的争吵使克伦威尔忍无可忍，大喝一声："以上帝的名义——滚！"

4月20日早晨，国会想趁克伦威尔不在之机，讨论一个新的选举法案，以便使它成为法律之后，立即实施，从而让克伦威尔去面对一个既成事实，任克伦威尔再怎么不情愿也都要接受，这是国会的无耻算盘。

得知此事之后，克伦威尔震怒了，随身带了几十名火枪手赶赴国会。他让士兵留在门外，自己走进议会。克伦威尔听了辩论之后，转身对自己的少将说："是该解散国会的时候了，我们该行动了。"

于是克伦威尔站起发言，对于国会，他先是说一些赞扬褒奖之词，正当议员们沉浸在赞誉中时，他话锋一转，开始指责国会的罪行，历数国会议员们的败德行为，他几乎是对着国会议员叫喊了。他一身便装，却毫不留情地数落着衣冠楚楚的议员们。

议员彼得·温特沃斯爵士起身争辩却被克伦威尔打断，克伦威尔非常讨厌这种恶心的恭维之词，他步入大厅中央，手挥舞着帽子，脚跺着地，怒气冲冲。而此时，门被打开，一列士兵进入了大厅，持枪而立。

克伦威尔下令把所有议员赶出下议院，而后他走到议会秘书跟前，从他手里夺过已经准备好了的解散议会的法令，把它塞到自己的帽子下面。秘书呆呆地看着他，不敢有半儿点动静，谁都清楚"铁将军"的威力。接着他下令锁上大门，扬长而去。有的议员纹丝不动；有的议员激动地大喊大叫。

当天下午，获悉国务会议照常举行，克伦威尔在哈里逊和兰伯特伴随下来到国务会议的议事厅。他态度冷静地说："如果你们作为私人在此聚会，我不来打扰你们；但如果这是一次国务会议，这里没有你们的位置。你们不可能不知道今天上午下议院发生的事情。很抱歉，国会已经被驱散了。"

清出国王的是克伦威尔，而如今，他却悄悄地想要尝一尝做国王的滋味了。"铁骑将军"固然威武，但是真正的权倾一国，那应该是种更绝妙的感觉吧。每当想到这里，克伦威尔都踌躇满志地一笑。

2. 特殊使命

1653年4月，国会被驱散后，没有国王和上议院的一院制共和政体倒塌。于是一个至关重要的问题被推到了前台，那就是用什么来代替业已解散的议会？用什么样的宪法来巩固同盟者的胜利果实？这个时候，一切目光都集中到了克伦威尔身上。

克伦威尔在战场上一向冷静、谨慎、当机立断，然而面对复杂、矛盾的政治，他却忽然显得犹豫不决。官场不比战场，他难以掌控的东西太多。他原本是躲在斗争各方的背后，做任何事情都会有明确的目的，而今，他自己驱散了长期以来掩盖他专政的残缺议会，失去了这一掩蔽物，他被推到了风口浪尖上。这一次他再也无从迁缓，也更无从逃避。

克伦威尔一直相信自己有特殊的世俗使命，但现今面临的实际情况，绝不是战场上的冲冲杀杀。政治争斗中虽然不见硝烟，却是处处陷阱，他面对的是自己昔日的战友。奥利弗·克伦威尔开始动摇了，他机敏的大脑开始不停地运转，盘算一些可行的途径和解决办法。

早在1652年12月，在詹姆士宫的花园里，克伦威尔同怀特洛克曾进行过一次密谈。谈话是从这一年的秋天军队和国会的矛盾问题开始的。两个人做了各种设想并进行了深入讨论。

但后来克伦威尔忽然发问："如果有人以国王为己任会怎样？"

对于克伦威尔的想法，怀特洛克给出了一个非常深刻而形象的比喻："这样的处方比疾病本身更糟。"

克伦威尔对于怀特洛克的想法表示不解，他又继续探问其因。怀特洛克也明确地为克伦威尔分析和解释：总司令较之采用国王称号所带来的嫉妒、危险、招摇和虚夸更少，而真正的权力和行善的机会却一点儿也不少。对于怀特洛克的话，克伦威尔深思一番，觉得确有其道理。

现如今的状况已经明明白白地摆在了眼前，长期国会已被克伦威尔驱散，但他不敢下决心实行独裁统治。

百般思量以后，克伦威尔决定下步稳棋，他不希望在经历过千难万险眼看成功之际，让即将赢得的成功毁于自己的大胆行事。

1653年5月，克伦威尔和他的军官委员会秘密协商后，从各郡中提名选拔一百四十人组成新的国会，史称小国会。

克伦威尔心中所期望的是这个国会顺从他的政策，听从他的指挥，然而事情出乎克伦威尔的意料。

7月14日，克伦威尔在小国会的开幕式上毫不掩饰地指出：新议员的就任是通过军队选择而由上帝授予，他和军官们的旨意使他们汇聚一起，组成最高统治机构。他的话明白易懂，小国会却并不容易操控。小国会中的那些宗教和政治狂热的成员，热切地从事于政治、军事、经济等方面的改革，这样一来就会触动许多军官集团的利益。而当利益发生碰撞之时，矛盾也就随之而来了。

一群忠于克伦威尔的议员早早地来到下议院，猛烈抨击多数派议员的激进改革措施。这个提议立刻得到一些人的附和。而那些热忱的改革者，惊恐愤怒之下挺身而出，为捍卫自己的事业进行辩解。于是双方开始了激烈的争辩。辩论互不相让，就在此时，议长突然离开，宣布散会。警卫队长拿起权标，用肩扛着走在他的前面，四十来人跟在后面，一起赶赴白厅。他们在一间密室中，仓促地起草了一份辞呈，递交给克伦威尔。

剩下的人仍然留在下议院议事厅里，他们异常恼怒、惶惑，他们的人数不足以构成一院，却不愿散会。他们正提出以祈祷来打发时间，两名军官——哥弗上校和怀特少校走了进来。得知议员们的意图之后，怀特召来了一小分队的士兵，拿着枪，封锁了大门，请出了议员，掌管着钥匙。小国会就这样不了了之了。

小国会在英国的政治历史上昙花一现，甚至很多人都会忽略掉这一笔，因为它只不过是个闹剧，是克伦威尔走向护国主宝座的一块垫脚石。不过小国会却还有一点重大的作用是不可被历史磨灭的，在它解散之前，有一份统治方案被制定出来，名曰《施政文件》，这是英国历史上第一个具有里程碑意义的成文宪法。

1653年12月16日下午，克伦威尔即将举行就任护国主的宣誓效忠仪式。他乘着一辆崭新的马车，从他的官邸白厅出发，在由五个步兵团和三个骑兵团所组成的夹道军列中穿过，前往威斯敏斯特大厦。陪同他的是市长、市议员、法官和两名掌玺大臣。这样的派头，一点儿不比曾经的国王查理差。

在威斯敏斯特大厅，克伦威尔受到了极尊贵的待遇。华丽的大红地毯上端放着一张至尊者才能坐的椅子。克伦威尔身穿素净无华的服装，无处不展现着王者的风范，而又远比以往的国王更有威严。他走到座席前面，掌玺大臣分列左右，法官们站在座后，围成半圆形，民政官吏站在厅左，军队成员立于厅右。

仪式开始，兰伯特少将走上前来向克伦威尔将军致敬祝词。他陈述了小国会的自愿解散，说明紧迫的形势需要一种强力而稳定的统治，恳请勋爵以军队与英格兰、苏格兰、爱尔兰三个民族国家的名义接受共和国护国主的职位。

当读到护国主的称谓时，克伦威尔心中升腾起一种异样的感觉，神圣而庄严，那是他从来没有过的感受，他心中在微笑，但丝毫没有在面部表现出来。他客套地表示了推让之后，同意接受。

这时，一名军官委员会的秘书奉命宣读包括四十二项条款的《施政文件》。

在文件中，克伦威尔被推举为英格兰、苏格兰、爱尔兰共和国的终身护国主。立法权授予护国主和每三年改选一次的单一议院的国会，国会召开后五个月内，未经国会本身同意，不能被终止、休会或解散；护国主无权否决议会决议，但可以提出反对的理由促使国会取消决议。选民必须拥有二百英镑的财产，行政权授予护国主以及新的国务会议。参照国务会议意见，护国主可任命主要官吏，决定外交、宣战与议和，征收必要的捐税。军事大权归由护国主和国会共同掌管，在国会休会期间则由护国主和国务会议掌握。

《施政文件》读毕，克伦威尔站起身来，高举右手，仰视天空，宣誓效忠并遵守《施政文件》。这时，兰伯特双膝下跪，献上一把公民剑，克伦威尔挂剑在腰，把自己的军队用剑解下旁置，表示将按宪法条款而不按军事权威进行统治，然后他躬身落座，把帽子戴到头上。掌玺大臣呈上国玺，伦敦市长奉上宝剑，克伦威尔接过后，又庄重地还给他们，以示信赖，令其保管。

这是一个象征获得最高统治权力的仪式，虽然称谓不是国王，却是独一无二的最高统治者。克伦威尔走出大厅，坐进马车，在人们的前呼后拥和好奇围观中返回了白厅。虽然称谓是护国主，但是克伦威尔已经尝到了王权的滋味。

"护国主"是个什么？它同国王有什么区别？没有人回答，也没有人敢回答，对于许多人来说，这只不过是换了一种称谓的统治者。不过，去掉国王头衔换上了护国主的帽子，更多人则更乐于接受，或者是观望。

同一天，政府发布公告，一个由护国主、国务会议和任期三年的一院制国会组成的新政体已经确立，克伦威尔开始了他的护国政治生涯。

任何一种新事物产生，根基尚不稳定，都会遇到各种问题。护国政体确立后一年不到，个人独裁与国会主权之间的矛盾便爆发出来了。

3. "护国主"是什么

《施政文件》规定，1654年9月3日，召开护国政体第一届国会，不过，由于这天是星期天会议被推迟。

第二天，国会开幕。上午10时，威风凛凛的卫兵在前开道，护国主克伦威尔在数百名文武官员的簇拥下从白厅出发。国务官员分列克伦威尔敞篷车的两侧，步行陪同。后面是掌玺大臣、财政大臣以及国会其他要人的马车，殿后的是英姿勃勃的卫队。克伦威尔身着一套素净的衣服，更显得超凡脱俗而且庄重。这样的架势，已经远超过了国王。这一行人进入议会大厅，克伦威尔在华盖遮蔽下的首席就座，议员们分坐左右。

在开幕词中，克伦威尔以胜利者的口吻谈到了包括远征爱尔兰和苏格兰在内的十年内战这个"严峻的阶段"，然后，话锋一转，严厉地攻击长老派的专制，强烈地指责平等派的妄想。历数了护国政体以前各政治派别的过错后，克伦威尔指出，在他的统治下，内政外交都取得了许多成就，并认为国家已经获得了安宁。发言结束时，他呼吁议员们不失时机地把《施政文件》付诸实践，对共和国进行"恢复和整顿"。

克伦威尔的发言并未能得到议员们的一致认可，议员们更是没有考虑要执行克伦威尔发言中提到的问题，而是对克伦威尔这一番话的依据提出了质疑。他们提出：凭什么一个人依仗宝剑的威力就敢于指挥他的国家？国家是不是应由单独的一个人和一个国会来进行共同的统治？个人统治与国会之间的关系应该怎样？议员们热烈讨论的焦点是《施政文件》本身及其护国主这个头衔的权威性。

由此可知，护国主这个无冕之王的最高统治权受到了挑战。不仅如此，议员们随后做出了更令克伦威尔吃惊的提议。

9月8日，国会竟通过这样一个提议：国家最高统治权应属于国会，护国主"不经国会同意不能有所行动"。但仍有大部分人认为护国主的权力得到了人民的认可，人民应是权力的唯一来源，因此护国主的职能非国会所能改变。气氛异常紧张，在争辩过程中，反对护国政体的人数大有增长之势。这样的事态发展让克伦威尔越发不安，他不想自己护国主的宝座还没坐稳就被掀翻。

得知委员会最终确认行政权可由单独的个人掌握，但立法权则应专属国会这一消息时，克伦威尔暴跳如雷，他不能容忍以他为首的新的政治体制被人改变，更不能容忍国会对护国主这个"职称"有质疑。克伦威尔当机立断，他决定在这种反抗和怀疑尚未形成气候的时候立刻采取行动。

9月12日早晨，议员们还和往常一样前往国会大厦，但是令他们感到意外的是有关国会解散的传闻接踵而来。议员们心中起了疑惑，他们来到国会大厦前，却被卫兵挡住："这里没有通道，下议院会议室的门已经锁上，我们奉命不准任何人进入。如果你是议员，请到会议大厅去，护国主马上就会到那里去。"面对这样的境况，议员们都感到十分诧异，他们不知道克伦威尔究竟想要干什么。但是他们目前还不能做任何事情，只有按照克伦威尔的要求到会议大厅，他们也想看看克伦威尔究竟想怎样。

议员们到场不久，克伦威尔像一周前一样，他审视了一番神态各异的议员们，而后从容地坐上了首席，并开始发言："在上次聚会时，我告诉过你们这届政府的由来，也告诉过你们，是本届政府把你们召集来此的。那时我的确说过你们是一个自由国会……"说到这里的时候，克伦威尔顿了顿语气，清了清嗓子，为的是让议员们清楚地听到他接下来要说的内容。

"然而，我认为，现在有必要扩大一点儿我的职责了。"

此言一出，议员们哗然，他们万万没有想到克伦威尔会如此大胆。看着议员们难以置信的表情，克伦威尔接着说："你们是自由国会，但同时必须明确，我是护国主，是召集你们前来的权威……你们在这里聚会却不承认据以聚会的权威，这会动摇护国政体统治的根基。"

克伦威尔提出了四条原则：一、国家必须由单独的个人和一个国会共同进行统治；二、国会本身不是无间断的、永续的；三、信仰自由是人们的自然权利；四、军队必须由护国主和国会共同掌握。他严厉地警告议员们：这些原则只能接受、不能议论，更不能改变。"我宁可被碾得粉碎。"他斩钉截铁地说，"以丑恶的名声被埋进坟墓里，也决不允许有人任意颠覆这个政府，弃置这些原则。"最后他责令全体议员在下次到国会议事厅开会之前，应当到指定地点去宣誓，接受他的统治原则。

议员们在听取护国主发言的时候，就已经明显感觉到战剑已在他剑鞘里嘎嘎作响。下次开会的时候，当他们来到护国主指定的地方时，每个人的桌子上摆放着一张长长的羊皮纸，上面写着："我特此宣布、允诺并保证，我愿意忠诚于护国主及由英格兰、苏格兰和爱尔兰组成的共和国；我愿意按照被选时誓约的旨意为本届议会服务，不提出也不同意改变由单独个人和议会所制定的政治体制。"

面对这份誓约，签还是不签？议员们左右为难。

签，表示屈从于护国主的个人统治。

不签，意味着弃职，被淘汰出局。权衡利弊之后，多数议员还是签了名，而少数则是坚持反抗。当然，克伦威尔不会留下这些反抗者动摇自己的统治。

在这一次国会大清洗之后，克伦威尔的护国主称号和护国政体得以稳妥地保持了下来。

通过这次成功的大清洗，克伦威尔似乎看到了自己未来统治的蓝图，并且从现如今的情况来看远景已经很明朗了。但是事情却差一点儿因一件偶然的事而断送，并不是又出现了怎样的强大政敌，而是好强心使护国主出了点儿意外事故。

1654年9月29日，天气风和日丽，如往常一样，克伦威尔邀请秘书约翰·瑟洛与他的家属一起到海德公园去郊游。郊游的马车由六匹尼德兰的佛里斯兰马拉着，这是一种有名的烈马。

克伦威尔喜欢争强好胜，当他听说马车由六匹烈马组成，好胜心开始升腾，他为了试试马的烈性，决定亲自驾驭。

瑟洛恭维地说："这些马将会像您驾驭的三个王国一样被驯服。"克伦威尔笑了笑，这样的话显然他十分受用，他很享受驾驭一切的感觉，区区六匹烈马又算得了什么呢？于是，他登上马座，扬鞭而去。

开始时，克伦威尔赶得很稳当，马也显得温驯。甚至他怀疑这是否真如他人所说是几匹烈马。于是，他抽了一顿鞭子，这一顿鞭子也抽出了真相，这几匹马激出脾性，发起疯来，不易驾驭了。

突然，烈马一跃，把克伦威尔从座上弹起，掉在车下，他的脚被挽具缠住，被拉了一段路。当他挣脱出来时，车子擦身而过，险些将他拦腰横轧。更险的是他被马车拖着滚动时，随身带着的防卫武器走了火，幸而没有伤到人。克伦威尔很快被护送到白厅。整个事情的发生也不过几分钟，却格外惊险。险中逃生的克伦威尔有些后怕，如若不是自己反应快，恐怕他早已经与世隔绝了，而他的政治统治，也将戏剧性地葬送在马蹄之下。

事实上，前后有三个多月时间，他不得不静心休养。整整三个星期，克伦威尔很少接待宾客，也无暇顾及国事。

克伦威尔三个月的静休给了议员们可乘之机，那些虽然签了名，却不甘心屈服的议员集中议论着护国主的军事权力，这样一个安静的时期使他们反抗的心也蠢蠢欲动。在这段时间里，国会大厦的议事厅内，围绕着护国政体和护国主的权限问题，争论始终持续着。意图反抗的议员们主张：护国主和国会共同控制武装力量这一点只限于护国主本人在世的时候。这也就是说，克伦威尔的继承者没有控制军队的权力。

为此国会还派出代表，与克伦威尔商谈按照《施政文件》来削减军队，并提出以民兵代替军队；对于军队给养所需的拨款，国会迟迟不做出决议。

凡此种种，都在削弱克伦威尔个人独裁的基础，克伦威尔非常恼怒，他不同意缩减军队，更恼恨国会在军队给养问题上的拖延。眼看着国会仍不听他的话，他便决心摆脱这个无用而碍事的东西。他决心取消国会，不再给这些混账家伙任何可乘之机。

1655年1月22日，克伦威尔下令通知议员们去会议大厅，护国主要接见他们。会议厅里，护国主面色凝重，他说"我不知道，你们一直是存在的还是死亡了的；在你们的庇护下，和平没有恢复，存在于我们中间的令人遗憾的混乱没有得到整顿。"他接着说道，"还有许多人阴谋策划把国家再次投入血泊之中，企图使我们流血和混乱。"

护国主在结束他的发言时说："我有职责认定，你们要是再这样继续下去，对国家，对平民，对公共利益都没什么好处和不合时宜，因此，我谨向你们宣布：我决定解散这届国会。"

议员们哗然，他们甚至怀疑自己的眼睛和耳朵，因为这样的话仿佛不像是从克伦威尔嘴里说出来的，倒像是从那个死去的国王查理口中说出的。他们万万没想到克伦威尔会做出如此大胆的举动。

就这样，克伦威尔解散了议会，在他们学会听话之前，他是不会任议员们乱说乱动的。现在护国主距国王只一步之差，克伦威尔究竟愿不愿做国王呢？

4. 醒悟

国会被解散了，克伦威尔至高无上的权力已经无人再敢质疑。人们都以为克伦威尔要称王了，各种怀疑和猜测都指向克伦威尔称王的可能性。但各种猜想却只能压制在心底，没有人敢大声吭气，因为这个"铁将军"的确不好惹，他的一举一动，甚至牵动着整个欧洲。

就在人们揣测之际，克伦威尔的一句话却道出了他心中的想法："国王只不过是男人帽子上的一根鸡毛。"克伦威尔的心终究没有被权力和欲望所蒙蔽，革命总算没有葬送在他的手里。

解散第一届国会后，克伦威尔便开始了他的独裁统治，他通过派驻在全国十一个军区的陆军少将，来加强他的个人独裁，历史上称为"陆军少将制度"。

1656年9月，第二届国会召开时，克伦威尔已在行使着斯图亚特王朝国王的权力了。他更是把一百多名共和主义者排斥于国会大门之外，他至尊的权力连过去的国王也无法相比，这也是他权力的制高点，其头衔为护国主，但在实际上，他已经成为真正的"王"。

1657年2月23日，一个十分具有诱惑力的大胆提议被提出来：

第二届国会召开后不到半年，有影响的前任市长、大商人克里斯托弗·帕克爵士，要求国会准许他宣读一份改变现存政体、名为《恭顺的陈词与规谏》的文件，其主要内容是提请护国主接受国王称号。文件如一块巨石一般，在英国的政治领域里激起了千层浪。

各界议论纷纷，在国会中引起异常强烈的反应，帕克几乎由于他的鲁莽行为而受到法庭的传讯。但这并不意味着所有人对此都表示否定，恰恰相反，这正是说出并加速了国会中大多数人的心愿和行动。帕克的文件成了引燃克伦威尔称王的导火线。于是，一场朝野瞩目的关于克伦威尔应否称王的争论展开了。这无论是对克伦威尔，还是对一些各存心机的国会成员，都是一次不小的诱惑。

法国一位政治家写道："但他挂起一道帷幔，遮蔽着人们所论道和君侯们所尊奉的权力，这种权力的被遮蔽是在寂静无阻中进行的，虽然他从未得到这些权力本身的赞同。但是历史的偶然性使克伦威尔再次面对国王宝座的诱惑。"

赞许克伦威尔的声音此起彼伏，已经形成了一定的声势，他们是那些有产者的代表：政客、律师和富裕的乡绅。

特别是律师，他们提出，国王这个职位是与法律的整体以及国家体制的全部活动相互交织融合在一起的，国王的特权和他的活动范围，不待言明，就能很好地为人们所理解，可是谁能给护国主的权力和职责划定界限，明确范围呢？这些政治投机家总结说："是英格兰的法制要克伦威尔做国王。"

当然，在国会里，仍然有居于少数地位议员表示反对，他们责问："难道你们要使护国主成为世界上最大的伪善者吗？你们想把他送上已为上帝所推翻了的王位上去吗？"同样，以兰伯特等为首的大多数高级将领强烈反对，认为那将是对军队的背叛。两种声音各执一词，观点各有不同，于是国会开始逐条讨论帕克提议的内容。

在国会之外，伦敦商业区的富商大贾更加支持这个提议，并非他们拥戴克伦威尔的统治，也并非因为其本身对英国的发展有何等好处。这些人的出发点是自己的利益。因为他们越来越把克伦威尔看作是现存秩序和私有财产的坚定捍卫者，所以他们需要确保克伦威尔至高无上的权力，以保证自己的地位。

军队中的广大士兵则强烈抗议克伦威尔当国王，道理很简单，称王与他们所从事的事业和拥护的原则背道而驰，军官们更是不愿看到克伦威尔登上王座而凌驾于全军之上。

就这样，在帕克提议后的第四天，一百名军官组成的代表团谒见护国主，告诉他广大战士的情绪，恳请他不要听从一些人的劝进，否则，将有害于国家，也毁灭了他自己，到头来，将导致王党流亡者的卷土重来。

克伦威尔的态度是这件事情的关键。

对于克伦威尔个人来说，他虽然饱经战场的磨砺，但是他终究是人而非神，对权力的欲望是出自于人的本性，但是他没有被权欲冲昏头脑，他还有所顾虑。

他的顾虑便是军队，广大士兵的态度令他不得不三思而后行。克伦威尔清楚地知道，自己之所以能有今天，抛开个人的英勇、机智，军队是他最重要的支柱，他不能失去军队。

更为重要的是军官、士兵对他的拥戴，又怎能是一个国王所能比得了的呢？如此来说，称王的确不是一个明智的选择。因此，他在会见军官代表时，表示自己没有参与此事，他本人对国王的称号并不关心。国会此时仍在热烈地进行讨论，并以一百二十三票对六十二票通过了文件。

六天后，文件以《恭顺的请愿和劝言》的正式名称在白厅的宴会大厅提交给护国主，克伦威尔当即表示："给我时间，让我审慎考虑一下儿，对如此重大的事情我该做出怎样严谨的回答。"

4月3日，护国主克伦威尔在给议长的信中说："就你们而言，提出这样的劝谏是合适的，就我而言，接受这个劝谏是不适当的。"但他在同一封信中又说："你们需要我无条件地做出回答，这样，我除了全部接受以外，似乎没有选择的余地。"

克伦威尔的回答很高明，不过，另一方面也正说明他仍在犹豫，或者说王位对他仍有相当大的诱惑力。赞同克伦威尔称王的一派人，嗅出了其中的气味，心领神会，立刻指派代表与护国主进行面对面会商。

事情从国会议事厅转到克伦威尔的住处，最后甚至谨慎到只三四个人关门密谈。

此时的克伦威尔表现出了一个政治家的风采,他放下架子,与代表们亲密无间地交谈,使其受宠若惊。他有时离开话题,吟诗颂歌,使与会者摸不着头脑;有时则悠闲地独自抽着烟斗,接着又回到了称王这个严肃的主题上来。

会谈时聚时散,持续了一个月,克伦威尔的疑虑开始消除,接受王位的渴望又在他的心中复燃,并决定在5月6日召开国会,做出答复。

5月5日,为了争取军官们赞同他称王,克伦威尔以个人名义邀请反对最强烈的迪斯勃罗共进午餐,席间,护国主谈笑风生,气氛融洽,论及称王的问题时,克伦威尔轻描淡写地说,这个称号"只不过是男人帽子上的一根鸡毛而已",要军队别因此喋喋不休。

第二天,克伦威尔在圣詹姆士宫花园把他接受王位的决定告诉了迪斯勃罗,后者回答他决不直接反对,但将与兰伯特、弗利特任德一起辞去一切公职,从此不再支持他,其他军官中的有识之士也必将群起仿效。克伦威尔意识到事态严重,决定将召开国会的日期推迟到5月8日。然而,军官们已行动起来了。

迪斯勃罗回家后找来普赖德上校,告诉他护国主准备称王的决定。

于是一份由约翰·欧文博士起草、三十三名校尉级军官签名的请愿书在5月8日早晨由梅森中校送呈给国会,其内容让克伦威尔大为震撼，大致内容如下：我们过去曾经冒着生命捍卫国民的自由，但是我们注意到，有些人力图把国民置于过去时代的奴役之下。他们所用的手段是，迫使我们的总司令接受国王的称号来执政，以便毁灭他。因此，我们坚决反对要这样做的人，坚定不移地继续原来的事业，对我们来说，为了维护这一事业，我们甘心情愿献出我们的生命。

是将士们的真诚感动了克伦威尔？还是他害怕这样下去的严重后果？我们无从得知，但在克伦威尔获知请愿书一事后，立即派人去国会，中止了议员们的讨论。"我不能以国王的名义执政。"在白厅的大会上，他做出最终表态。

5月25日，文件经讨论修改后在国会获得了通过，成为新宪法。它取消了国王的称号，但确认了护国主世袭，并有权指定自己的继承人，同时决定恢复上议院，世袭制更加确定了克伦威尔的统治地位。

克伦威尔接受了这部新宪法，并于6月26日宣誓就职。在与会者的热烈欢呼和喇叭吹奏声中，克伦威尔登上了世袭护国主的宝座。就这样，克伦威尔成了英格兰的无冕之王，他赢得了更高的权力和更多的尊敬！

5. 尾声

克伦威尔在英国进行独裁统治期间，做了不少事情。在他已经步入老年时，野心仍旧非常庞大，带领着英国继续对世界各地的殖民地进行疯狂掠夺。随着英国内战结束，除了商业之外，殖民统治也进一步推行。在护国主心中，他要将国家扩大，将国家的国库填满。不得不承认的是，这种掠夺的确促进了英国的迅速壮大。

在疯狂掠夺殖民地的过程中，护国主看中了牙买加和西印度殖民地。这两个地方不仅财富惊人，而且能够把宗主国不可靠的分子迁移到那里去。无论是商人，还是那些梦想着成为商人的人，纷纷对那片堆满了金钱的地方充满了向往。克伦威尔想起了自己在发现牙买加时有多么激动，因为那就是一座明晃晃的金山摆在他眼前！

万恶的西班牙却早一步抢占了这两块土地，这让克伦威尔头疼不已。他明白，在一个国家当中，只有权力和金钱相结合才能控制一切。

克伦威尔认真地与大臣们分析主战方与反战方的不同意见。开战后会影响商人们在西班牙的进出口贸易，另一方面，则能增加国库收入。

西班牙一向是英国在海外的劲敌。主战的人认为西班牙此时国势不如英国强盛，而且夺取西班牙已经开发的殖民地也是发财致富的捷径。但是，也有很多人反对同西班牙人开战，其中原因很简单，这些反对的人是与西班牙通商的商人们，每年要进口大批的西班牙羊毛，而这正是英国纺织业的重要来源，所以从事毛织业的商人和手工业者提出不满。

克伦威尔不仅仅是个军事家，他同样也是一个非常出色的政治家，在战争未开始之前，他便充分发挥了自己的政治才能。假如同西班牙作战，就要同西班牙的敌人——法国结成同盟，这样一来住在法国的查理二世就一定要离开法国而奔赴马德里。同马德里联系，必然会降低查理二世在英国国内的声望，从而减少拥护复辟的人数。这样对西班牙的战争不仅可以保障英国拥有新的殖民地，而且可以巩固共和国的政治地位。一举两得的事情是克伦威尔非常乐于做的。

1655年11月，西班牙大使撤离伦敦，同时，英法两国签订了条约。

在与西班牙战争获得胜利后，随后的战争进行得非常顺利，英国战胜西班牙，夺取了牙买加和西印度。克伦威尔并没有被胜利冲昏头脑，而是立即在政治上进行巩固。他与西班牙的敌人——法国进行外交活动，并结为同盟。经多次协商，法国最终接受他的条件，签订了合作条约，这无疑是他下好整盘棋的第一步。"亡国奴"查理二世只得因英国与法国的条例上——立即将查理二世以及反叛人员驱逐出境这一原则，立即从法国撤离前往马德里。但由于马德里与英国的恶劣关系，导致查理二世在英国的声誉更加低迷。克伦威尔达到了目的，降低了对手的声誉从而提高自己以及共和国的政治地位。西班牙大使最终也只能百般无奈地退出法国。

除法国外，克伦威尔继续与其他国家谈判，在保障了其他国家利益的前提下，使英国在商业、进出口贸易、军事外交等方面取得更多的保障。他将国家开放，实现经济共同体，不仅让商人受益，而且使国家受益。他充分地展示了外交的重要性，扎实有效地进行各种谈判，并且在北方各国的交通方面也取得重大胜利。

建立与波罗的海沿岸各国友好关系，对共和国来说非常重要，因为英国要从那里运粮食、木材、大麻等。所以，英国同瑞典、丹麦等国都签订了条约，以保证各方利益。

这一切当然又都是克伦威尔的外交功劳。就在英格兰的世界贸易日益兴旺发达的时候，护国主克伦威尔却已步入老迈之年。

这是神也改变不了的事实，就好比每日的太阳——初升时，只有泛泛白光，空气当中也不存在着它所照射出来的温暖；渐渐升到半山腰时，它蓄势待发，准备用自己那耀眼的光芒照耀万物，可突然从远处飘来的乌云将它遮挡，但风紧跟着吹来，帮助太阳将乌云吹散；随着时间的流逝，它升到天空的最高处，将最光辉的一面展现给大地，用自己最热情的温度，去温暖一切。可这一切终究不是永恒，落日的余晖在天空慢慢消失，最后变成一条线，然后完结。克伦威尔就如同太阳一样，将一生奉献给了英国人民，总有一天他会老去，就像落日一样，尽管有那深红色的晚霞，那只是短暂的最后一搏。

就在克伦威尔身体走下坡路这段时间，国会开始逼他交出手中的权力，最起码也要选择一位合适的接班人。这让为国效力多年的克伦威尔大为恼火，他不能理解这些人为什么希望自己下台。在他眼中，这是对他权力的藐视以及对曾经为这个国家所做过的一切的一种不屑的看法。他决定用自己还拥有的权力，立即将反对他的国会解散。

克伦威尔可以解散国会，但他解决不了当时混乱的英国社会。他解散的只是表面的形式，瓦解不了国内外紧张的局势。远在国外的查理二世立即抓住这一弱点与西班牙进行谈判，并得到了西班牙的支持，开始对英国进行全方位进攻。国内反对党也开始四处作乱，寻找可乘之机，准备将他拖下权力的宝座。而在统治阶层内部，不同派别的不同政治需要使政府变得软弱无力，国家财政困难，商人偷税漏税，行政腐化，赤字连年上升。这些都使他心急如焚，但一个人天赋再高，面对这样一种情况又能怎样呢？

1658年1月20日，上议院的六十三名成员根据新宪法召开国会。会议开始之前，护国主根据新宪法，让一年前被清洗的一百多名议员重新就职。但是他们一到下议院就给克伦威尔大出难题，提出一个又一个尖锐的问题：谁使上议院成员成为贵族？谁给他们以传统贵族的特权？护国主同下议院到底是怎样的关系？

下议院起草了一份要求恢复一院制共和国的请愿书，并要求把军事权交给"可信赖的人"。

克伦威尔模模糊糊地梦见有人造他的反，于是决定立刻解散国会。

1658年2月4日上午10点左右，他不同任何人商量，就带着六名卫士向威斯敏斯特飞奔而来。

事实摆在眼前，即使克伦威尔能解散国会，也不那么容易缓解日趋紧张的国内外形势。查理二世在西班牙人的支持下集结力量，准备进攻英国；国内的保王党分子仍屡禁不绝，四处作乱。英国处于内外交困之境。

正当克伦威尔为内忧外患而殚精竭虑时，家庭的不幸给他的生活罩上了另一层阴影。

1658年8月，他最疼爱的女儿伊丽莎白·克莱普尔得了重病。他不顾自己的病情一直守护在女儿的床边，在那一段时间里，他全然不是威风、严酷的护国主，而是一个慈爱的父亲，他的眼神里对女儿倾泻着浓浓的父爱，他悉心地照料着女儿，直到8月6日女儿去世。女儿的离世，要了将军的半条命。

十八年征战的戎马生涯使克伦威尔变得虚弱和衰老。在伊丽莎白病危时，他自己也早已处在病痛之中。人最怕老年失去子女。这对于一个脆弱的老人来说，无疑是一次沉痛的打击。伊丽莎白的死，在克伦威尔的心灵上留下了无可弥合的创伤，更损害着他疲惫的身躯。

自从伊丽莎白死后，克伦威尔的痛风病继续恶化，结石、疟疾等也一齐向他袭来。他的身体再也没办法支撑庞大的英国了。

后来，在医生建议下，他离开了触景伤情的汉普顿宫，移居到白厅。他依旧在和病魔抗争，他不希望被疾病斗败，因为他坚信自己是常胜将军。

然而，事与愿违……

病床上的克伦威尔已经反复昏迷了几次，痛风加剧了，冷热病也频频发作，这位昔日的"铁人"现在已经被疾病折磨得不成人样。

9月2日，他从昏迷中清醒过来，为他自己做生命中的最后一次祈祷：

"主啊！虽然我是一个不幸的、可怜的生灵，但是通过神恩，我誓约于您，为了您的子民，我愿意，也决定到您那儿！尽管我很不配，但您曾经让我成为您的一个微贱的工具，有益于人民，同时效劳于您。他们中的许多人对我评价过高，虽然另一些人希望并高兴我死去。可是，主啊！无论您如何安排我，请持续永恒地赐福于人们吧！给他们始终如一的判断主见，始终如一的仁慈心肠，始终如一的互爱之情。请继续拯救他们，帮助他们的改革，让基督的英名光照人间；请教导那些人，不要过于重视作为您的工具的人，而要更多地信赖于您；请宽恕那些意欲践踏弱小生灵、视之为尘芥的人吧，因为他们也是您的子民。千万宽恕我这篇简短祷文中的愚说。阿门！"

克伦威尔在生命最后的阶段依旧虔诚地向主祈祷着。他安静地躺在白厅内，虽然一次又一次地昏迷。此时的白厅比以往更加庄严，屋子周围站满了他的好友以及穿着长袍、手中握着《圣经》的牧师，那些善良的担心他身体的人，也一同在祈祷。经文从每个人口中低沉地发出来，仿佛整座白厅都被神圣的信念环绕着。克伦威尔仍旧坚持着。

病床上的他，脸色苍白，头发有些凌乱，呼吸渐渐安稳下来，周围祈祷的声音也随着降下来。他合上双眼，两手放在胸前，想最后回忆一次这些年来所发生的种种事情。他不奢求自己还会从病床上起来，继续为这个还未彻底解放的国家，为这些还未得到真正幸福的人民奋斗，只是希望自己还有时间将这些年所发生的事情重现一遍，让自己有一个不留遗憾的结尾。

他躺在床上回想着他这一生所经历的一幕幕往事：他想起了黄

昏中那双火红的眼睛，那双眼睛多么渴望成功；想起了在大学中的生活，那是多么轻松与惬意，没有纷争，那感觉淡淡的，真好，他多想再过上一回；他想起了他在亨廷顿的啤酒店，那些老家伙们常常喝完了酒，面色绯红地和他谈论天下大事；他想起了他第一次接触了皮姆这样的朋友，他对他充满崇敬，他是真正的英雄和领袖；转而想起了马斯顿荒原的那颗流弹，幸而自己躲开，否则哪还有后半生的辉煌；他想起了不幸丧生的汉普登，他最真诚的朋友；他想起了曼彻斯特的懦弱无能；想起了乔伊斯的果敢机智；想起了李尔本的执着无畏；想起查理的断头……

他虽未称王称帝，但在英国的权力无人能敌，这点也是他成功的表现之一，这样不仅避免了其余官员的非议，并且让百姓能信服于他。

他在内心里深沉地向主祷告：我敬爱的主，我终于意识到我是如何做错的了！请原谅我当时的无知以及那份让人可笑的贪欲，最终导致了以后一系列的问题！我的女儿当时也得了重病，这对于一个征战了十八年的铁血战士来说，是一个致命的打击。我不知为何会这样，即便是被送到了没有纷乱的农村，每天呼吸着新鲜的空气，感受着乡村的恬静，最终还是未将重病养好，反而愈加严重。看着一天天消瘦的女儿，作为父亲的我，无能为力。面对战场、面对商场、面对政治，我能够抵抗一切困难；面对女儿的疾病，却只能眼睁睁看着她饱受煎熬。当我看到女儿的呼吸愈来愈缓慢时，我落泪了。或许在英国这个堪称世界霸主的国家当中，我是一名无人可敌的护国主，但在我的家庭当中，我只是一个普普通通的父亲，白发人送黑发人这样的经历，放在这样一个内心强大的男人的生活当中，他也会崩溃。伊丽莎白的死在我的心灵上留下了无可弥合的创伤，戕害着我疲惫的身躯。这一切可能都是因为我当时的错误决定而导致的！我甘愿接受这些惩罚！

时间开始重新运行，他的耳边又重新响起那朗诵经文的声音，呼吸开始变得急促起来，身体也变得僵硬。生命就这样悄悄离去，伴随着那些支持他的人的祝福以及牧师的祈祷。

1658年9月3日下午3点多钟，克伦威尔的心脏停止了跳动。

叱咤风云的"铁将军"，永远地留在了历史最光辉的一页里。

9月3日，英国人民共同默哀，共同纪念这个真正的男人。

他有理由为自己骄傲，他用生命来证明他是个伟人。

6. 铁将军，永远的传奇！

克伦威尔死在了权力的顶峰，令人敬畏而钦佩。他虽然是一个独裁统治者，却用一生的艰辛成全了英国。他对民主政体的献身精神十分真诚。据人们评述，他从不偏激，从未曾接受王位和建立永久性的独裁统治。他的统治通常是温厚宽容的。

克伦威尔避开了"王位"这一陷阱，但事实上，没有人能否定他的权威。在历史的一场片断剧落幕之前，让我们把英国放回到世界这个大范围去。这样，我们才更能看清英国革命的意义和必然的历史局限性。

克伦威尔的重要作用就在于，他是一位杰出的军事将领，在英国内战中打败了保皇党军队。在克伦威尔初露锋芒之前，议会军在一定程度上遭到了失败，要是没有他，这支军队完全有可能不会取得最后的胜利。克伦威尔胜利的结果，使民主政体在英国得到了持续和巩固。

人们不应该把这看作是无论如何都会发生的事件。在17世纪，欧洲大部地区都正在朝着更强大的君主专制主义方向发展；民主政体在英国的胜利是逆历史趋势而出现的事件。

在随后的年月里，英国民主政体的榜样对法国启蒙运动、法国革命和最终在西欧建立民主政体都是一个重要因素。显而易见的是，民主势力在英国的胜利对于在美国以及英国先前的殖民地如加拿大和澳大利亚建立民主政体都起到至关重要的作用。虽然英国在世界上只是个弹丸之地，但是民主政体却从英国开始，随后影响了世界的其他某些范围不小的地区。

后世人对克伦威尔的功过评说各有见解，哲学家约翰·洛克高度评价英国建立的民主政体。

自从奥利弗·克伦威尔去世以后，他的品格成了人们争论不休的话题。众口评说，各论不一，但是我们应该始终记得有这样一个威武的将军，为了国家前进的步伐，用尽一生气力。他也许不是最好的统治者，但他却永远是个威风凛凛的"铁将军"。

附录

克伦威尔生平

克伦威尔是英国资产阶级革命时期的军事家、政治领导人、独立派领袖。

克伦威尔出身于亨廷顿的一个中等贵族家庭。青年时期就学于剑桥清教学院，受到清教思想的熏陶。1628年被选入议会。17世纪30年代迁居剑桥郡。曾帮助当地农民反对贵族地主排干沼泽侵害农民利益的行为，因而在东部各郡中颇孚众望。1640年作为剑桥郡的代表先后被选入"短期议会"和"长期议会"。在长期议会中，与坚决反对王党的议员站在一起。参加制定《大抗议书》等文件。

内战开始后，克伦威尔筹建一支六十人的骑兵队。1644年受命指挥整个东部联盟的骑兵。他从具有虔诚的宗教信仰的普通农民中招募士兵，这使他的军队在作战时既勇敢又有纪律。他指挥的骑兵在马斯顿荒原战役中取得胜利后，克伦威尔的军队被人誉为"铁骑军"。

1644年12月，克伦威尔提出改组军队的建议。1645年初议会正式通过"自抑法"，组成了由费尔法克斯和克伦威尔指挥的"新模范军"。

1645年6月，在纳斯比战役中议会军取得对王党的决定性胜利。

1647年3月，议会中掌权的长老派下令解散军队，士兵愤然反对。克伦威尔与士兵站在一起。同年8月6日率军进入伦敦，驱散议会里的长老派议员。随后，以克伦威尔为首的独立派高级军官与平等派士兵的矛盾日趋尖锐。在魏尔检阅军队时克伦威尔镇压了平等派士兵的反抗。年底，各地王党蠢蠢欲动，克伦威尔不得不重新与平等派联合。1648年春，第二次内战爆发，重新联合起来的议会军击败了王党。在国内革命热情高涨的气氛中，克伦威尔放弃同国王妥协的主张，转而赞成成立审讯国王的最高法庭，判处国王死刑。

1649年，在城市平民和自耕农压力下，克伦威尔处死国王查理一世，宣布成立共和国。同时，他残酷地镇压了平等派的民主运动和爱尔兰的民族起义。1653年，建立军事独裁统治，自任"护国主"。为了向外扩张和争夺殖民地，曾对荷兰、西班牙和葡萄牙作战，取得了胜利。恩格斯曾说他在资产阶级革命中"兼罗伯斯庇尔和拿破仑于一身"。

1658年9月3日克伦威尔在白厅辞世。

克伦威尔年表

1599年，克伦威尔出生在英国亨廷顿。

青年时期，克伦威尔是一个农场主和乡绅，一个虔诚的清教徒。

1628年，克伦威尔被选进议会。

1640年，在对苏格兰人作战需要资金的情况下，克伦威尔集结了一个新议会，并当选为议员。

1642年，在忠实于国王和忠实于议会的军队之间爆发了一场战争。在此之后，克伦威尔进入政界，多次被选为英国国会议员。

1645年1月，议会通过《新军法案》，授权克伦威尔建立一支两万一千人的军队，改组后的军队称新模范军。

1646年，战争结束，查理一世被捕，克伦威尔成了国会军中最有威望的将领。

1649年1月30日，查理一世被克伦威尔送上了断头台。

1651年9月3日，克伦威尔全歼苏格兰军队，查理二世逃到了法国。克伦威尔占领了整个苏格兰，从此，他获得了"常胜将军"的称号。

1653年4月19日，克伦威尔在伦敦白厅召开军官会议，要求议会自动解散。

1653年，克伦威尔指挥的内战以保皇派被彻底粉碎而告终。

1653年12月16日，克伦威尔就任护国主。他把国家的立法、行政、军事、外交大权都抓在自己手里，成为没戴王冠的国王，从一个资产阶级革命家，变成了一个军事独裁者。

1653年到1658年，克伦威尔作为"护国主"统治英格兰、苏格兰和爱尔兰。

1658年4月20日，克伦威尔宣布解散国会。

1658年9月3日，克伦威尔病逝。